El poder digital

VÍCTOR DOMÍNGUEZ

EL PODER DIGITAL

WALL STREET WOLVERINE

𝒫

ALMUZARA

Editorial Almuzara • Sociedad actual
Editora: Ángeles López
Corrección: María José Pérez
Maquetación: Joaquín Treviño

www.editorialalmuzara.com
pedidos@almuzaralibros.com - info@almuzaralibros.com

Editorial Almuzara
Parque Logístico de Córdoba. Ctra. Palma del Río, km 4
C/8, Nave L2, n° 3. 14005 - Córdoba

Imprime: Gráficas La Paz
ISBN: 979-13-70200-58-9
Depósito legal: CO-1846-2025
Hecho e impreso en España - *Made and printed in Spain*

Índice

Introducción

Si nos remontamos a septiembre de 2013, todos recordaréis probablemente unas célebres declaraciones de Pablo Iglesias durante una conferencia en la Universidad de La Coruña: «¿La Consejería de Turismo? Pa ti. Dame los telediarios, dame los telediarios. A mí dame los telediarios, y tú te dedicas a gestionar los campos de golf, que dan muchos puestos de trabajo».

Aquí podemos evidenciar una de las claves que abordaremos en este libro: la caída del llamado cuarto poder y el alzamiento de un nuevo paradigma de poder. Durante mucho tiempo a los políticos les ha obsesionado el control de los medios de comunicación como forma de moldear la opinión pública a su antojo.

La frase que muchos rieron encerraba una verdad incómoda: el verdadero poder nunca estuvo en los despachos, sino en el relato. Controla lo que la gente piensa, controla cómo la gente nombra las cosas, y habrás ganado la partida. Iglesias no pedía los telediarios por capricho, pedía el alma del país. Y esa alma durante décadas estuvo en manos del llamado cuarto poder, que, lejos de ser un guardián, fue siempre un perro faldero al servicio de sus amos.

Ha habido muchas formas en las que el poder político y los medios de comunicación históricamente han labrado una relación de conveniencia mutua e incluso de protección de unos y de otros. Todo esto se daba en una realidad en la cual no existía una competencia respecto a la comunicación.

El cuarto poder nació con el aura de seriedad de quien decía: «Yo fiscalizo, yo vigilo, yo protejo al ciudadano de los abusos del político». Esa era la coartada, la excusa, el disfraz. En la práctica, los medios de comunicación siempre fueron negocios con dueños, acreedores, intereses y facturas que pagar. Y cuando tu supervivencia depende de subvenciones públicas, de publicidad institucional, de favores bancarios o de la cercanía a un partido político, tu independencia desaparece. El periodista dejó de ser fiscalizador para convertirse en propagandista. Y lo peor: siguió disfrazado de fiscalizador. Traición con toga moral.

Lo que pasaba o dejaba de pasar era controlado en su totalidad por grandes grupos empresariales o por el Gobierno. La información de la que podían disponer los ciudadanos formaba parte de un oligopolio informativo al servicio del poder político de un lado y de otro. Y cuando tú controlas lo que la gente conoce a través de los informativos, a través de los periódicos y de la radio, tienes la capacidad de moldear la realidad a tu antojo.

La población se entera de lo que el consenso mediático de los grandes partidos ha decidido que deben enterarse y con el filtro informativo que cada medio de comunicación decide aplicar en función de lo que sus acreedores deciden que deberían pensar los ciudadanos.

Probablemente muchos pensaréis que cuál es el problema de que esto ocurra cuando hay partidos con intereses *a priori* contrapuestos y medios que hacen exactamente lo mismo y compiten entre ellos. Y aquí tenemos que entrar profundo en la madriguera del conejo y es empezar a replantearnos realmente si existen tales diferencias.

Existe una ilusión democrática por la cual los ciudadanos creen elegir dos grandes partidos que tienen ideologías distintas, pero la realidad nos revela que no son tan grandes esas diferencias. Muestra de ello podemos ver cómo tanto PP como PSOE votan muy parecido en la Unión Europea y los cambios entre un partido y otro en términos de gestión no representan un verdadero cambio en el sistema. Es lo que muchos denominamos como el consenso socialdemócrata.

Un consenso en el que está sumida toda la Unión Europea y que en el momento que se ha visto amenazado hemos comprobado la verdadera cara de tal consenso. Unos burócratas que amenazaron con utilizar métodos para evitar que AfD pudiera llegar al poder, unos burócratas que intervinieron en las elecciones de Rumanía y unos burócratas que han hecho alianzas políticas impensables en Francia para evitar que Marine Le Pen llegara al poder.

Medios de pseudoderecha y medios de izquierda se alinearon para ocultar las nefastas consecuencias de la inmigración masiva, para demonizar a los partidos que amenazaban el consenso socialdemócrata con su arsenal de calificativos bien conocidos y explotados hasta la saciedad como ultraderecha, fascista, ultraliberal, neoliberal… A su vez, ocultaban la nefasta gestión de Biden y recurrían al *cherry picking*, demonizando cualquier acción o comentario aislado de Trump. Y, sorprendentemente, después de más de veinte años de socialismo y miseria, «descubrían» la situación de Argentina con Javier Milei, generando alarmismo y manipulando los datos del país.

Pero os voy a decir algo: a la UE y al cártel mediático no les preocupa que votes a un partido u otro del consenso socialdemócrata, lo que les preocupa es que haya partidos que quieran acabar con ese consenso o que puedan desafiarlo.

Y el cártel mediático vivía muy cómodo hasta la llegada de las redes sociales. Una llegada que, en principio, nadie percibió como una amenaza y que parecía algo controlado hasta que todo esto se les escapó de las manos y que está haciendo que empiecen a perder el control de la realidad. Causa por la cual están muy nerviosos y aspiran a censurar y controlar las redes sociales buscando cualquier cabeza de turco para conseguirlo. Porque han perdido el poder y lo saben, y se erige un nuevo poder: el poder digital.

Durante mucho tiempo, el oligopolio mediático jugó con una ventaja brutal: no tenía competencia. La televisión, la radio y los grandes periódicos no solo eran las únicas ventanas a la realidad, eran además ventanas blindadas. Lo que entraba en tu casa cada noche en forma de telediario era lo que habían decidido los dueños de esas ventanas. Y como no existía la posibilidad de contrastar, la mayoría de ciudadanos vivía en una realidad prefabricada, diseñada al milímetro para sostener un sistema que no quería ser cuestionado. Esa falta de competencia fue la incubadora del consenso socialdemócrata: no importaba qué canal pusieras, el menú era el mismo con ligeros matices.

Ese consenso se vendía como pluralismo, cuando en realidad era uniformidad. La ilusión democrática consistía en elegir entre dos caras del mismo sistema; dos administradores de un mismo marco ideológico que nunca se ponía en duda. Por eso resultaba tan importante controlar los medios: porque eran el pegamento que mantenía intacto ese consenso. Si un ciudadano empezaba a sospechar, enseguida había un tertuliano, un editorial, un reportaje «neutral» que le devolvía al redil. Era una forma de control suave, sofisticada, casi invisible. No hacía falta que la gente temiera, bastaba con que creyera.

Pero todo monopolio informativo es frágil en cuanto aparece un competidor real. Y ese competidor no llegó desde la política ni desde los grandes empresarios ni desde los partidos alternativos. Llegó desde donde nadie lo esperaba: internet. El poder digital irrumpió como un meteorito. Al principio, los viejos medios pensaron que podían colonizarlo: creyeron que abrir una web y colgar sus mismos titulares bastaba. No entendieron que no se trataba de formato, sino de cultura. La cultura digital es horizontal, participativa, irreverente. La cultura mediática era vertical, solemne, paternalista. El choque era inevitable.

Las redes sociales no solo trajeron competencia, trajeron algo mucho más peligroso para el cártel mediático: fiscalización. Por primera vez, un ciudadano podía señalar en tiempo real la manipulación de un medio, compartir el vídeo completo, desmontar un titular con pruebas. El dedo acusador ya no era solo el de los periodistas hacia los políticos, ahora era el del ciudadano hacia los periodistas. Y en ese momento, la máscara empezó a caerse. Lo que antes se disimulaba como error quedó en evidencia como mentira. Lo que antes se justificaba como matiz se mostró como manipulación.

Ese fue el verdadero punto de inflexión: la confianza se rompió. Y cuando se rompe la confianza, se pierde la reputación. Los ciudadanos empezaron a ver que PP y PSOE votaban igual en Bruselas, que los mismos medios que señalaban corrupción en un lado la tapaban en el otro, que lo de «pluralidad» era un decorado barato. Comprendieron que el consenso socialdemócrata no era un pacto espontáneo, era una maquinaria diseñada para perpetuarse. Y cada vez que aparecía un partido que amenazaba ese equilibrio, el cártel mediático se convertía en una apisonadora de insultos: ultraderecha, fascistas, neoliberales, negacionistas. Los mismos adjetivos de siempre, gastados y huecos, lanzados como piedras contra cualquiera que osara desafiar el consenso.

Pero lo que no vieron venir es que esos adjetivos dejaron de asustar. Porque en internet, mientras los medios demonizaban, los ciudadanos compartían memes, vídeos, testimonios que mostraban otra cara. La narrativa oficial dejó de ser única y empezó a competir con relatos alternativos. Y, claro, cuando compites en igualdad, gana el más auténtico, no el más solemne. Ese es el drama de los viejos medios: estaban acostumbrados a ser árbitros y ahora son jugadores. Y como jugadores, pierden.

Por eso hoy los vemos tan nerviosos. Porque sienten que su poder se les escapa de las manos. Antes un director de periódico podía hundir a un político con una portada, ahora un chaval en su cuarto con un canal de YouTube puede hundir la portada de ese periódico con un vídeo viral. Antes un tertuliano podía dictar la agenda de la semana, ahora un hilo en X lo ridiculiza en minutos. Antes la censura era innecesaria porque no había competencia, ahora claman por regular internet, por vigilar las *fake news*, por controlar algoritmos. El problema no son los bulos, el problema es que ya no tienen el monopolio del bulo. Y aquí entra lo más interesante: el poder digital no es solo una herramienta, es un nuevo paradigma. Porque no depende de grandes instituciones, depende de comunidades. No está en manos de burócratas, está en manos de ciudadanos organizados en redes. Es un poder más caótico, más difícil de domesticar, pero precisamente por ello más libre. Y eso es lo que aterra al viejo consenso socialdemócrata: que la realidad se les escapa.

Hoy el panorama es evidente: los medios tradicionales sobreviven como zombis, mantenidos artificialmente por subvenciones, incapaces de competir en credibilidad y en audiencia. Mientras tanto, el nuevo poder digital florece en *podcasts*, en canales de YouTube, en directos de Twitch, en hilos de X, en memes compartidos por WhatsApp. La gente ya no espera al telediario, se informa en tiempo real. Prefiere la voz de un creador independiente que la de un periódico centenario. Y ese cambio cultural es irreversible.

El *establishment* lo sabe. Sabe que ha perdido el monopolio, por eso clama por censura. Hablan de *fake news* como coartada para intentar cerrar bocas. Hablan de «regular internet» para recuperar un control que ya no tienen. Y lo más patético es ver a periodistas pidiendo censura, cuando deberían ser los primeros en defender la libertad de expresión. Se convirtieron en verdugos de su propia profesión. Prostitutas que renunciaron a la dignidad a cambio de un cheque.

Pero la realidad es que ya no hay marcha atrás. El futuro pertenece a los incorregibles, a los irreverentes, a los que no piden permiso. El ciudadano ya no quiere solemnidad, quiere autenticidad. Ya no confía en líderes de cartón piedra, confía en voces que se arriesgan a ser crudas, viscerales, imperfectas. Prefiere la verdad incómoda a la mentira amable. Prefiere un político que grita a uno que sonríe mientras pacta tu ruina. Prefiere un creador en Twitch a un tertuliano en la televisión.

El viejo cuarto poder está muerto, aunque aún no lo acepte. Lo vemos patalear, insultar, intentar censurar. Son los últimos coletazos de una bestia que sabe que ha perdido su lugar. Su tiempo se acabó. El nuevo poder ya está aquí, y es digital, descentralizado, irreverente. Y aunque intenten enterrarlo con etiquetas y con censura, la verdad tiene algo que la mentira no: la verdad no necesita subvención.

Este libro no pretende ser un lamento por la caída del viejo periodismo. Al contrario: es una celebración. Porque solo cuando el viejo poder muere puede nacer uno nuevo. Y ese nuevo poder no está en Bruselas, no está en Moncloa, no está en los despachos de los periódicos. Está en la gente, en su capacidad de comunicarse sin filtro, de organizarse sin permiso, de construir relatos alternativos en medios que no pueden controlar. Eso es lo que aterra al consenso socialdemócrata: que la ciudadanía descubrió que no los necesita.

El prólogo que acabas de leer no es una introducción amable. Es una declaración de guerra. Porque estamos en una guerra cultural y el enemigo no es un partido ni un político, es un sistema entero sostenido por un cártel mediático que ha traicionado al ciudadano. Y en esta guerra, el arma más poderosa no son los tanques, son los teléfonos móviles de cada uno de los ciudadanos.

Lo que leerás en las siguientes páginas es un mapa de este conflicto. No un mapa académico, no un manual tibio, sino un relato descarnado de cómo hemos llegado aquí, de cómo hemos perdido la confianza en el cuarto poder y de cómo estamos construyendo otro nuevo. Un relato que no pide permiso, que no busca gustar a todos, que no tiene miedo de llamar a las cosas por su nombre. Porque si algo hemos aprendido en estos años es que la corrección política es la máscara de la mentira, y la incorrección, por incómoda que sea, es la prueba de la verdad.

El origen del poder digital

Como toda buena historia tenemos que remontarnos a los orígenes. Para ello me gustaría que os trasladéis a aquellos tiempos en los que empezábamos a tener un primer contacto con internet. A día de hoy tenemos muy normalizado el utilizar buscadores para encontrar información, incluso diría que estos buscadores con la llegada de ChatGPT han quedado ya incluso un poco obsoletos. Pero pensad lo que representaron en su momento herramientas como Google o como Yahoo. Tú podías ir a un lugar y buscar lo que necesitaras en un mar inmenso de información completamente al instante.

Os parecerá algo completamente inocente, pero aquí podemos ver el origen de este poder digital. Empieza a haber una cultura por la cual cuando tú quieres informarte de algo ya no vas a un libro, vas a los buscadores y los buscadores te dan esta información. El proveedor de la información siempre va a ser dado de intentar ser controlado por los distintos actores de poder, pero en aquel momento aún no se vislumbraba a dónde podía llegar todo esto.

Es importante el factor cultura y el factor efecto red. Una herramienta solo tiene poder cuando muchas personas la utilizan y legitiman su uso dándole la confianza de su uso. En estas cuestiones a veces subestimamos el efecto boca a boca. En el fondo es una de las causas por las que empezaron a popularizarse muchas redes sociales. La gente entraba a ellas porque sus amigos estaban en ellas.

Un ejemplo muy claro de la importancia del efecto red es el fracaso de muchas redes sociales, por múltiples factores. Google ha intentado innumerables veces entrar en el negocio de las redes sociales y ha puesto muchísimo empeño en ello y nunca le ha salido bien. Y fijaos, hablamos de Google. No hablamos de unos chavales en un garaje jugando a ser emprendedores tecnológicos. Por mucho que le pese a Google, la gente no quiere estar en redes sociales en las que no están sus amigos y no hay un mínimo de usuarios. Caso similar es el de las alternativas que han querido destronar a Twitter o a X, como la conocemos actualmente. Suelen ser redes que se planteaban previo a Elon Musk y que ofrecían una menor censura que Twitter en ese momento, pero no acababan de arrancar. Caso parecido tenemos actualmente con gran parte de la izquierda que en una rabieta decidieron abandonar X junto a algunos medios de comunicación, que, muy a su pesar, nadie ha echado de menos.

Abandonaban X porque se había llenado de «fascistas», como llaman ellos a todo aquel que no les baila el agua, y se negaban a aceptar que estos usuarios pudieran expresarse libremente. Se iban a otra red social en la cual no duraban mucho, porque, precisamente, no existía el efecto red al que estaban acostumbrados en X.

Los primeros ejemplos de este efecto red con el desarrollo de internet fueron los portales y foros que servían como medios de debate y de intercambio de información entre usuarios y esto abría todo un universo que acabó culminando con la llegada de las redes sociales. Foros en los que encontrabas a gente con tus mismos intereses y en los cuales podías hablar y debatir con esta gente sobre diversos temas.

Se había creado unos espacios para que personas en cualquier lugar del mundo pudieran compartir información y otra gente en otro lugar del mundo pudiera encontrarla y completar esta información. Espacios libres de debate entre usuarios no controlados por nadie y que nos muestra el origen del poder digital. Donde hay una comunidad que se puede comunicar, compartir información y organizar, hay poder.

Y no es que yo vea fantasmas, es que en ese momento no éramos conscientes de lo que vendría en adelante. Google puede sugestionar tu forma de pensar, como también lo puede hacer Instagram, como también lo puede llegar a hacer Forocoches e incluso Reddit.

Pero antes de entrar en profundidad pensemos en qué radica este poder. Este poder radica en la confianza. Cuando los ciudadanos interiorizan a nivel cultural el uso de ciertas herramientas que muchos otros utilizan para informarse y tienen confianza en esas herramientas, ahí está el poder. La confianza lo es absolutamente todo y el llamado cuarto poder la ha ido perdiendo progresivamente con la generalización del uso de las redes sociales.

Gran parte de la pérdida de confianza en los medios tradicionales ha venido precisamente porque ha llegado la competencia. Pensadlo, hubo un tiempo en el que la televisión, los periódicos y la radio no tenían una competencia real. Lo que decía el cártel informativo era todo lo que llegaba al ciudadano.

Las redes sociales han permitido exponer las mentiras de estos medios y mostrar nuevas realidades a pie de calle que antes no nos llegaban. ¿Quién exponía antes esta manipulación? Absolutamente nadie, porque era un circuito cerrado de información que nadie fiscalizaba y no había capacidad de contrarrestar estos relatos.

El ciudadano recibía la información del cártel informativo y no tenía capacidad de opinión, ahora el cártel informativo se enfrenta a plataformas con una audiencia mucho mayor que la suya y en las cuales cualquier persona corriente puede contrarrestar su relato. Por eso odian tanto las redes sociales, porque les fiscalizan. Porque exponen su falta de profesionalidad y de imparcialidad. Porque estaban muy acostumbrados a controlar el relato dentro de su circuito cerrado de información y ahora de repente vienen unos ciudadanos anónimos a exponerles. Ellos, que eran los dedos señaladores que todo el mundo temía, hasta el poder político, ahora son los señalados.

Muchos dinosaurios de los medios de comunicación, desde su púlpito de superioridad moral, aún siguen persiguiendo fantasmas y señalando a los nuevos modelos exitosos sin saber abordar las claves de la caída de su profesión y de su modelo de negocio. El periodismo podría estar viviendo una era de oro si no fuera porque hubieran prostituido su negocio. Ellos mismos se han cavado su propia tumba y no lo aceptan.

Son como el político adicto al poder que no asume que lo ha perdido, que su tiempo se ha acabado y que la lluvia de meteoritos se acerca. El cuarto poder tiene abstinencia de poder como el cocainómano de la cocaína y eso les hace tomar malas decisiones y cavarse su propia tumba.

La abstinencia de poder llega, la coacción ya no te funciona, tu dedo señalador ya no da miedo y cada vez muestras más tu verdadera cara. El teléfono ha dejado de sonar y el cambio de régimen es inevitable. Ha llegado un nuevo cártel a la ciudad.

Un cártel que odia profundamente a este viejo cuarto poder. Un cártel al que este cuarto poder ha intentado arruinarle la vida y que no olvida. No olvidéis, se celebrarán juicios.

Creedme, no odiamos lo suficiente a los periodistas. Y si creéis que exagero es que nunca habéis lidiado con los medios de comunicación. No soy capaz de expresar con palabras el desprecio profundo que siento hacia este viejo poder y con el que no hay que tener piedad, porque representa lo peor que puede encarnar un ser humano.

La miseria más putrefacta y abyecta de personas con las que podéis encontraros. Derrocar a este viejo poder es una de las claves para lograr una sociedad más próspera y digna.

Y con este tipo de aseveraciones hay dos tipos de periodistas: los que no se sienten aludidos y saben que esto está pasando, y las *prostitutas mediáticas*, con perdón para las trabajadoras sexuales que en la mayoría de los casos tienen más dignidad que todos estos periodistas juntos.

Las *fulanas mediáticas* se sienten muy ofendidas cuando les dices este tipo de cosas, porque en el fondo saben que es verdad, saben que su trabajo no es informar, su trabajo es envenenar y moldear la realidad como les ordene su amo. Esto es una visión cortoplacista de los medios de comunicación que les hace dejar de ser ese cuarto poder.

Porque analicemos en qué reside ese cuarto poder. El poder reside en tu capacidad de generar confianza en la población en función de la información que transmites. Te temen porque puedes influir en el pensamiento de las personas y por eso los políticos se sientan contigo para intentar comprarte o negociar contigo. Ahora pensemos lo que provoca convertirte en una *pilingui mediática*: ganas dinero, pero pierdes la confianza y, por tanto, pierdes el poder. La confianza lo es todo y no puede comprarse; es un mal negocio vender la confianza de la gente por dinero, y más cuando esa confianza te da poder.

Si te conviertes en una *escort mediática,* antes o después quedarás expuesto. La gente dejará de confiar en ti, ya no meterás miedo a nadie, porque te has expuesto como una prostituta informativa y en tu medio ya no reside ningún poder, porque no tienes influencia debido a tu falta de profesionalidad. Sí, en el corto plazo ganas dinero público y todo es maravilloso para ti, en el largo plazo dejarás de ser útil para el poder político, ya que nadie confía en ti y habrás vendido algo que no se puede comprar con dinero: el poder.

Irónicamente, los medios de comunicación de tanto dedicarse a manipular y moldear la realidad han perdido absolutamente el contacto con la suya propia. Pero hay que dejar que la naturaleza siga su curso. Como bien decía Antonio Escohotado: «La verdad se impone sola. Sólo las mentiras necesitan subvención del Gobierno».

Y muchos pensarán: ¿y por qué los medios de comunicación son tan absolutamente estúpidos de vender su mayor activo de poder? Esto se debe a la precarización de su modelo de negocio con un modelo de ingresos obsoleto, que además acelera su caída con su falta de independencia y su adicción al dinero del contribuyente. La independencia económica te da libertad y poder, causa por la cual cada vez más los Estados se cuidan de cobrarte los máximos impuestos posibles para hacerte dependiente de la política. Cuanto más decadente es la sociedad, más se meten los políticos en la vida diaria de los ciudadanos. Evidentemente, los Estados siempre tienen su coartada para robarte más dinero y que parezca que es por tu bien, explotando la bondad y la inocencia de la mayoría de personas en la sociedad.

Lo que nunca entendieron los dinosaurios mediáticos es que el poder digital no consiste en repetir los esquemas de siempre con un nuevo formato. No es subir el telediario a YouTube ni abrir una cuenta en X para publicar titulares. El verdadero poder digital nace de un cambio cultural: ya no basta con ser emisor, ahora cualquiera puede serlo. Y eso es dinamita para quienes construyeron todo su dominio en la pasividad del receptor. La televisión, la radio, la prensa funcionaban en una sola dirección: tú escuchabas, tú consumías, tú tragabas. Ahora la gente no solo consume, responde, comparte, ridiculiza, corrige, destruye. El ciudadano dejó de ser espectador para convertirse en jugador. Y cuando los espectadores se convierten en jugadores, el viejo árbitro se queda sin partido.

Ahí está el verdadero efecto red: no en que todos estemos conectados, sino en que todos podemos amplificar un mensaje hasta hacerlo ingobernable. Antes, una mentira podía sostenerse durante semanas porque nadie podía contradecirla. Ahora una mentira dura minutos, el tiempo que tarda alguien en subir la prueba contraria. El monopolio del relato ya no existe. Y lo que para los medios es caos, para el ciudadano es libertad.

Si hay algo que explica el verdadero origen del poder digital no es solo la confianza, es la atención. La atención hoy es la materia prima más valiosa del planeta. Más que el petróleo, más que el oro, más que el gas. Porque si captas la atención, controlas el tiempo mental de las personas. Y quien controla tu tiempo mental controla lo que piensas, lo que sientes y hasta lo que decides en una urna.

La atención se ha convertido en la moneda dura de la política y de la cultura. No es casualidad que las redes sociales se diseñen como casinos digitales: *scroll* infinito, dopamina constante, notificaciones que te enganchan. Porque en esa batalla de segundos es donde se decide el poder. Un político que antes necesitaba media hora de telediario para llegar a ti, ahora necesita colarse en un clip de diez segundos en tu *timeline*. Y si lo logra, ya tiene más poder que cualquier editorial.

Los medios tradicionales no entendieron nunca esto. Pensaban que su prestigio les garantizaba atención, pero no: la atención no se hereda, se conquista. Y se conquista todos los días. Ahí radica su ruina. Creyeron que la gente siempre volvería a ellos como ovejas al redil, sin comprender que en la era digital la oveja tiene cientos de praderas nuevas donde pastar. Si tu producto no engancha, te abandonan. Y, claro, ¿cómo va a enganchar una tertulia llena de momias repitiendo dogmas cuando la competencia son memes, vídeos dinámicos, debates sin filtro y directos de *streamers*?

Lo interesante de este fenómeno es que la atención no se distribuye como el dinero, que al menos puedes imprimirlo. La atención es limitada: cada persona tiene veinticuatro horas. Y si un chaval dedica tres de ellas a escuchar un *podcast* o ver Twitch, son tres horas menos que no va a dedicar a tragarse el telediario. Ahí está la desesperación del viejo poder: han perdido el monopolio de las horas.

Y como la atención es limitada, el recurso más eficaz para capturarla no es la información, es la indignación. La ira se volvió el mejor anzuelo. Lo entendieron los medios cuando empezaron a fabricar escándalos, lo entendieron los políticos cuando descubrieron que un insulto viral vale más que un discurso de dos horas y lo entendieron los creadores digitales cuando vieron que el *shitposting* engancha más que la sobriedad. La economía de la indignación es el motor de la era digital. Si no indignas, no existes.

Esto tiene un efecto perverso: el político que intenta ser moderado desaparece. El medio que intenta ser neutro muere. El creador que no polariza queda sepultado. Porque la indignación es como un imán que concentra toda la atención. El algoritmo lo sabe y lo premia: lo que genera reacciones fuertes sube, lo tibio se hunde. Y en esa espiral, cada jugador tiene que decidir si quiere existir o ser invisible.

Lo más irónico es que la vieja autoridad se ha desmoronado. Antes, la credibilidad te la daba el cargo. «Es periodista, habrá que creerlo». «Es ministro, habrá que respetarlo». Hoy la autoridad la da la conexión directa. Puedes ser un chaval con una *webcam*, pero si conectas con un millón de personas tienes más poder que el ministro. Ese cambio ha pulverizado la jerarquía política y mediática. Los diplomas, los cargos, las instituciones ya no generan respeto automático. Lo genera la autenticidad, lo genera la cercanía. Y ese es un terremoto que aún no han procesado.

De ahí nace la figura del antihéroe digital. Gente que no encaja en el molde de corrección, que no responden a las tentaciones clásicas de la triada, pero que tampoco juegan a ser santos. Son líderes imperfectos, viscerales, a veces groseros, que precisamente por eso parecen reales. Y esa realidad conecta mucho más que la fachada de cartón piedra del político tradicional. Prefieren al que se muestra humano aunque se equivoque que al robot corporativo que nunca arriesga.

Ahora bien, en esta batalla hay un actor silencioso que tiene más poder que todos: el algoritmo. Ese es el verdadero partido político que gobierna el mundo. Decide qué lees, qué ignoras, qué te indigna, qué te hace reír. Y lo hace con un poder más profundo que cualquier parlamento: no votas al algoritmo, no puedes echarlo, no puedes debatirle. Es el censor invisible que te guía cada día. A veces de forma burda, censurando directamente, y otras de forma sutil, enterrando lo que no quiere que veas. La política tradicional discute leyes que casi nadie lee, mientras el algoritmo decide qué millones de personas piensan que es importante cada mañana.

Esto ha generado un mercado negro de la atención. *Bots* que inflan cuentas, ejércitos de perfiles falsos que manipulan tendencias, agencias que venden minutos de visibilidad como quien vende armas en la sombra. La influencia se compra, se trafica, se falsifica. Y, aun así, lo espontáneo suele ganar al fabricado, porque el olfato digital del ciudadano medio ya distingue lo orgánico de lo artificial. Esa capacidad de detectar lo falso es lo que hace tan difícil para el sistema fabricar un consenso en internet.

Lo verdaderamente revolucionario es que hemos entrado en una guerra psicológica permanente. No con tanques ni espías, sino con notificaciones, con titulares, con campañas virales. El campo de batalla es tu atención. Y los soldados no son generales en despachos, son creadores anónimos, usuarios que desde su casa lanzan mensajes que pueden alterar elecciones o tumbar narrativas globales. El poder digital ha convertido la política en una guerra de guerrillas donde un meme puede hacer más daño que un editorial y un directo improvisado puede más que una rueda de prensa.

Esto es lo que más aterra al viejo cártel mediático: que la política ya no depende de su bendición. Antes eras alguien si salías en televisión, ahora eres alguien si te vuelves viral. Antes el prestigio te lo daba un periódico, ahora te lo da tu comunidad. Y como eso no se puede comprar, no se puede controlar. Esa es la verdadera revolución.

Muchas veces da rabia pensar lo manipulable que es la mayoría de la población, pero en el fondo no es su culpa, simplemente confían en la bondad de los que gobiernan y creen que actúan por el bien común. Confían en el sistema y por ello creen en que hay que pagar muchos impuestos con la creencia de que se redistribuyen en el llamado estado del bienestar.

Estado del bienestar que más bien yo denominaría bienestar del Estado, porque es mucho más adaptado a la realidad que se da. Los políticos se aprovechan de la bondad de la gente y de su ilusión. El circo de la política no deja de ser como el *Sálvame* de la gente que se cree inteligente. La ideología es para los pobres; en las altas esferas el poder lo mueve todo.

El truco de todo este circo siempre ha sido el mismo: infantilizar al ciudadano. Hacerle creer que sin papá Estado no puede sobrevivir. Por eso inventan derechos como quien reparte caramelos. No son derechos, son cadenas con forma de regalo.

A los políticos les encantan las coartadas, que no dejan de ser distracciones de apariencia noble en su superficie para ocultar tus verdaderas intenciones y conseguir tu objetivo sin que se te alborote el patio. Para algunos se nos hace muy fácil detectarlas, pero la mayoría de la población es inocente y confía en el sistema, lo que hace verdaderamente difícil que se den cuenta de todo esto.

Los políticos son expertos en mandar a alguien a que te parta las piernas pagado con tu dinero y luego darte unas muletas pagadas con tu mismo dinero para que puedas andar. Es una cuestión de dependencia y de control social. Con la propaganda adecuada las personas pedirán muletas masivamente para poder andar porque es un derecho fundamental y no pedirán que deje de haber gente que les parta las piernas.

Reduzco todo esto a lo absurdo porque la mayoría de debates políticos son así de absurdos cuando conoces verdaderamente toda la información. Ciudadanos pidiendo muletas masivamente pagadas con su dinero porque andar es un derecho y evidentemente hablar de que antes se podía andar sin muletas, porque no había unas personas dedicadas a partirte las piernas, es demasiado fascista.

El que necesites muletas para andar te hace dependiente del político y es lo que quieren, que no puedas andar sin que ellos estén en la ecuación. Que pidas muletas para andar y estés agradecido porque te las den. Todo es una cuestión de dependencia y de control. Así se aseguran el poder sobre ti.

La deuda es la correa más efectiva que han inventado. A un país endeudado lo manejas desde fuera; a un ciudadano endeudado lo manejas desde dentro. Cuando vives hipotecado hasta las cejas y pagando impuestos confiscatorios, ¿qué margen tienes para rebelarte? Ninguno. Porque sabes que, si pierdes tu empleo, se te cae la vida entera como un castillo de naipes. Ese miedo es el verdadero sistema de control. El miedo al desahucio, el miedo a perder la nómina, el miedo a que se te venga encima Hacienda. Es un sistema diseñado para que siempre estés agradecido de seguir encadenado.

La cultura de la subvención es la otra cara de la moneda. Lo que antes era un castigo (la deuda) ahora se combina con un caramelo: la ayuda pública. No importa que esa ayuda sea migaja, lo importante es que te acostumbres a vivir de ella. Una subvención aquí, una prestación allá, una beca inventada, un bono cultural. Te van repartiendo pequeñas drogas que hacen que no te plantees salir del redil. Porque en cuanto un ciudadano descubre que puede prosperar sin Estado, el sistema entra en pánico. El Estado no teme al pobre, al pobre lo domestica. Teme al libre. El que se financia solo, el que no depende de ayudas, el que no pide permiso: ese es el verdadero enemigo.

Por eso la meritocracia les aterra. Hablan de igualdad, de justicia social, de redistribución, pero en realidad lo que odian es que haya individuos que se sacuden el polvo y consiguen independencia real. El *influencer* que monetiza su comunidad es más peligroso que un partido entero de oposición, porque no depende ni de bancos, ni de subvenciones, ni de favores políticos. Está blindado. Por eso los periodistas vendidos desprecian tanto a los creadores digitales: porque son recordatorios vivientes de lo que ellos pudieron haber sido si no se hubieran prostituido.

El relato de la seguridad es la coartada eterna. Todo lo que hacen lo hacen «por tu bien». Subir impuestos, por tu bien. Vigilar redes sociales, por tu bien. Limitar tu movilidad, por tu bien. En nombre de tu seguridad sacrificas tu libertad, y lo peor es que lo haces agradecido. Te encierran en tu casa y les aplaudes desde el balcón. Te sacan dinero de la nómina y aún les das las gracias porque «redistribuyen». Te convierten en un esclavo agradecido. Esa es la mayor perversión de todas: lograr que el dominado ame a su amo.

El ciudadano domesticado vive con orgullo sus cadenas. Te habla de sus «derechos» sin darse cuenta de que son concesiones calculadas. Cree que el Estado es su protector, cuando en realidad es su carcelero. Y lo que más le duele al poder es que cada vez más gente está abriendo los ojos. Que ven que los *outsiders* digitales, los que no dependen del dinero público ni de favores, prosperan y encima se permiten el lujo de decir lo que piensan. Esos son los verdaderos peligros. Porque son ejemplos vivos de que se puede vivir fuera del redil, de que no necesitas muletas para andar.

Por eso es tan importante la independencia económica y por eso intentan evitar a toda costa que la tengas. La independencia económica no solo es una estrategia personal, es un acto de rebeldía política. Es decirle al sistema: no te necesito. Y nada duele más que eso. Por eso atacan tanto a los autónomos, por eso ponen mil trabas al que quiere montar un negocio, por eso intentan hundir a los creadores digitales con campañas de desprestigio. Porque un ciudadano libre, que no depende de su limosna, rompe la narrativa entera del bienestar del Estado.

Para tener poder tienes que tener independencia económica. Es un factor insalvable. Para saber jugar al juego del poder primero tienes que dominar el juego del dinero. Hasta los partidos políticos se deben a sus acreedores. El partido político es de los que ponen el dinero, no del que sale en la televisión como líder político. En un país no manda el presidente, mandan los dueños de su deuda y los que saben los trapos sucios de los que mandan en este país.

Lo más gracioso es que mientras ellos hablan de redistribución, lo único que redistribuyen es sumisión. Redistribuyen miedo, dependencia y servidumbre. La riqueza real se la quedan ellos, pero al pueblo le reparten símbolos, migajas, caramelos. Y lo hacen envuelto en palabras bonitas: justicia, solidaridad, igualdad. Palabras que en boca de un político valen menos que un billete del Monopoly.

La independencia económica, al final, no es solo una cuestión de dinero. Es una cuestión de dignidad. Es poder mirar al poder a la cara sin miedo, porque sabes que no tienen de dónde agarrarte. Y ahí es donde entra de nuevo la triada que mencionabas: dinero, drogas y mujeres. El sistema siempre va a intentar atraparte por algún lado. Si no puede con tu nómina, intentará con tus vicios. Si no puede con tus vicios, intentará con tus deseos. Y si no puede con nada de eso, intentará con tus seres queridos. Es un juego sucio, pero es el único que saben jugar. Por eso el que se mantiene limpio, paciente y libre de dependencias se vuelve intocable.

En la vida hay que procurar echarle cojones, pero sobre todo que nadie te los tenga agarrados. La mayoría de hombres son fácilmente corruptibles por lo que yo he llamado la triada de la perdición de todo hombre. Si sabes salvaguardarte de esta triada serás un gran *player* en este tablero.

El haber conocido desde joven a diferentes políticos y personas de poder me ha hecho darme cuenta de lo que todo hombre debe cuidarse: dinero, drogas y mujeres. Con esta triada puedes cargarte a la mayoría de hombres ahí fuera. Todos acaban cayendo con alguna de ellas o con todas. Las personas que son capaces de mantenerse ajenas del vicio, de la avaricia y son pacientes dominan este juego.

Los que dominan este juego no pueden ser comprados porque no hay ceros para comprar sus convicciones y son independientes económicamente. Saben que el poder vale más que el dinero y que si puedes ser comprado no tienes poder ninguno. Mantienen distancia con las drogas y con la noche porque nublan el juicio y te sacan del foco de trabajo y disciplina. Y sobre todo se cuidan de todas las sirenas que pueden acercarse a su barco; no pierdas el rumbo, marinero.

Si queréis acabar con una persona, jugad con esa triada. La mayoría acaba cayendo con alguna de esas tres. Y muchos de los que me estáis leyendo pensaréis: «Yo no caería». El diablo no tienta a quien no tiene poder, y creedme que es muy fácil rechazar el maletín que nunca has tenido delante o a la supermodelo que jamás ha estado a tu alcance. Se prueba a un hombre cuando tiene *skin in the game*.

Con los años no acabas desconfiando de las mujeres porque te hicieron daño, sino porque crees que son del CNI.

Pero bajemos de los cerros de Úbeda para profundizar en el punto de la independencia económica. Pensemos cuál ha sido la clave de que los *influencers* hayan cogido tanta relevancia en la opinión pública. Principalmente la autenticidad ha sido una de las claves, pero sin lugar a dudas la independencia económica ha sido vital.

Muchos creadores digitales han podido crear toda una comunidad que les permite ganarse mucho mejor la vida que las personas que trabajan en los medios tradicionales y que son dependientes del dinero público. De ahí muchas veces el desprecio de las prostitutas mediáticas a los creadores digitales; son conscientes de que se ganan la vida mucho mejor que ellos, sin depender de absolutamente nadie y con audiencias muchísimo mayores que cualquier medio tradicional.

Es más, yo desde aquí animo a todos los nuevos periodistas a que exploren estas nuevas vías de monetización digital de su trabajo, ya que probablemente no sean conscientes de que trabajando bien su marca personal podrían ganarse mucho mejor la vida, con mucha más dignidad en su profesión y con mucha más libertad periodística que en un medio tradicional. Para muchos de nosotros todo esto empezó como un *hobby*, pero se convirtió en un negocio.

De las redes sociales como entretenimiento a las redes sociales como negocio y fuente de información

Probablemente en su origen pocas personas se podrían llegar a imaginar el increíble negocio en que se iban a convertir las redes sociales. Y ya no solo es que las redes sociales se convirtieran en un gran negocio, sino que se llegaran a convertir en un terreno de batalla política.

Os puedo asegurar que cuando empecé hace diez años en todo esto muchas personas vislumbraban ya esto como un negocio, pero el *boom* de las marcas personales y la profesionalización de las redes sociales ha llevado todo esto a otro nivel. Hace diez años las redes sociales se veían como algo de adolescentes, el contenido prominente que se consumía era de videojuegos, blogs y bromas. Jamás la mayoría de personas se habría imaginado que en estas redes sociales habría el contenido tan variado que tenemos hoy en día.

El efecto red y la creación de comunidades convirtieron a perfiles exitosos de estas redes sociales en negocios en sí mismos y en nuevos creadores de opinión. De repente, la opinión de un *youtuber* respecto a ciertas cuestiones de actualidad empezaba a tener relevancia y empezaban a surgir creadores de contenido político que en muchos casos empezaban a tener más influencia que la mayoría de tertulianos en la televisión.

Algo que dejó bastante descolocado al poder político y en lo que la derecha fue absolutamente pionera. Todavía a día de hoy la mayoría de creadores de contenido del ámbito político están posicionados en la derecha. Algo que podría sorprendernos, pero en realidad no es tan difícil de entender; el mundo de los medios tradicionales está ampliamente orientado a la izquierda y los medios que podríamos calificar como de *pseudoderecha* no representan realmente a los ciudadanos de derecha. Causa por la cual tiene todo el sentido del mundo que la verdadera derecha buscara aire fresco en estas nuevas formas de comunicación.

Pero es que no solo encontró aire fresco, sino que también encontró un músculo financiero y una tendencia hacia la generalización del uso de las redes sociales. La izquierda llegó muy tarde a todo esto y perdió una de las batallas más cruciales que puede haber en internet: la batalla del sentido del humor.

Y sí, a pesar de tener a los Wyoming, Broncanos y similares, en redes sociales han perdido esa frescura y ese humor más adaptado a la nueva realidad digital. Se ha subestimado el potencial de los memes como forma de propaganda. A día de hoy con un meme bien dirigido puedes decir más que con mil palabras. Además, la izquierda se convirtió en algo esperpéntico, odioso y censor. Ellos mismos acabaron excluyendo a la mayoría de gente con su puritanismo woke y la gente empezaba a sentirse comprendida en internet.

Una de las cuestiones que empezó a generalizar el éxito de muchos *youtubers* en internet fue el delirio del feminismo. Muchos hombres encontraron en muchos canales de YouTube refugio frente a un colectivo feminista hostil y desquiciado en plena caza de brujas. En estos canales se exponía la realidad de estos colectivos y fue el primer frente de batalla frente al auge del feminismo radical.

El éxito de estos canales es fruto del sectarismo ideológico de estas feministas que en los primeros años pudieron engañar a muchas mujeres, pero que con el tiempo mostraron la verdadera cara de esta nueva ola del feminismo moderno. Creyeron que fue buena idea meter a charos en los colegios y señalar a los niños y enfrentarlos con las niñas; lo que obtuvieron a cambio es la generación joven más de derechas de la democracia.

Fijaos que era difícil, la juventud y la izquierda siempre habían ido de la mano. Pero esta izquierda censora, persecutora y sectaria acabó haciendo que hasta los jóvenes se rebelaran contra ella. Y las nuevas vías de comunicación le hacían mucho daño; la realidad no le gustaba a la izquierda, y es que había líderes de opinión en internet que les estaban desmontando el relato.

Y esto ocurría de manera totalmente orgánica, no subvencionada. Porque la izquierda no asume que el éxito de estos nuevos comunicadores vino precisamente porque la gente quería liberarse del yugo censor de la izquierda woke. Nadie soportaba a esta gente, ni ellos mismos entre ellos se soportaban. Con el tiempo han acabado cancelándose entre ellos y excluyendo a personas del movimiento. Ni ellos mismos aguantaban el delirio y el monstruo que habían creado.

Y como bien hemos comentado, donde hay una audiencia también hay poder de influencia. Paralelamente a este inicio del delirio woke empieza a destacar un pequeño partido en las elecciones en Andalucía. Un partido que se beneficia de un PP que no es derecha y de una izquierda que ha perdido la cabeza y que exactamente como había ocurrido en otros lugares en el mundo arrasa en las redes sociales.

Las redes sociales tanto para Vox como para Trump o como para Milei han sido absolutamente vitales. Sin ellas solo hubiera habido demonización en los medios tradicionales y gracias a estas nuevas vías se ha podido contrarrestar el mensaje de los medios tradicionales. Causa por la cual además no solo es que se haya contrarrestado, sino que se ha crecido y popularizado gracias a ellas. En este nuevo terreno de juego no ha habido competición, la nueva derecha ha arrasado absolutamente en las redes sociales.

Y fijaos que de inicio se tenía todo en contra porque estaban dominadas por corporaciones woke que se dedicaban a censurar y a restar alcance a los usuarios de derecha. Y aun así en esa época empezaban a perder. Hay que tener esto en cuenta porque no es que se jugara con las mismas reglas que en la actualidad, se jugaba con las reglas en contra e incluso jugando con ellas en contra se ha conseguido ganar la hegemonía en las redes sociales. Recordemos que la compra de Elon Musk de Twitter es algo bastante reciente y el dominio de las redes sociales de la derecha viene de mucho antes.

Y parecerá gracioso, pero en gran parte la derecha ganó las redes sociales por el puritanismo moral de la izquierda, al cual le ofendía absolutamente todo, no se podía hacer bromas de nada y todo se tomaba como una ofensa. Algo que hizo que los jóvenes se rebelaran frente a esta imposición, frente a esta censura y a todo este adoctrinamiento moral que estaba imponiendo la izquierda. En España generalmente el autoritarismo y la censura se habían vinculado a la derecha, pero esta izquierda empezaba a enseñar su cara censora e intolerante. Y yo sé que a alguno le chirriará lo de intolerante porque ellos mismos se enarbolaban de ser tolerantes, pero os puedo asegurar que la intolerancia de la izquierda woke es su principal bandera.

Son tan intolerantes que acaban echando a personas de su propio movimiento por no ser lo suficientemente puras y adoran las cazas de brujas internas. Fijaos cómo poco a poco el monstruo ha ido devorando a muchos de sus integrantes y los propios integrantes acababan promoviendo persecuciones contra sus propios compatriotas para hacerse ver como más dignos dentro del movimiento. Estas purgas hicieron de este movimiento algo inaguantable, algo que se volvió cansado, que generaba rechazo. Era esa clase de personas amargadas que nadie quiere tener al lado, aguafiestas de manual a los que no se les puede ni respirar al lado sin que les ofenda y te generen un hilo intentando cancelarte en Twitter.

Esa clase de personas que están constantemente en la búsqueda de algo con lo que enfadarse, alguien a quien señalar y decir «mirad, ese es el malo». Un movimiento puritano y excluyente que consiguió la gesta de hacer de derechas a gran parte de los varones jóvenes.

Con las chicas tenemos otro cuento. Sí que es cierto que la situación ha mejorado a medida que el *lobby* feminista y la inmigración masiva han mostrado sus nefastas consecuencias, pero aún hay una fe ciega en las buenas intenciones de ideas que suenan muy bien, pero que puestas en práctica son un absoluto desastre. Aún sigue primando el parecer el bueno, el portar la bandera de las buenas intenciones y de representar a minorías oprimidas. Minorías que solo han visto su vida más perjudicada con su instrumentalización.

La propaganda ha hecho que el colectivo LGBT crea que importar masivamente culturas que son incompatibles con su existencia es algo positivo para una sociedad en la que puedan vivir en paz y tranquilos. Con perspectiva veremos esto como un absoluto delirio porque es lo que es. Homosexuales y mujeres aplaudiendo la llegada sin filtro de culturas que ponen su integridad física en peligro. Cuando ves estas cosas te acabas dando cuenta de por qué las élites actúan como actúan.

Hay un gran porcentaje de la sociedad al que hay que proteger de sí mismos. Y me apena decirlo. Son una amenaza para sí mismos y ni siquiera son conscientes de ello. Si les dejas tomar decisiones en libertad, se ponen en peligro. Es la ausencia de darwinismo en estado puro. Esta clase de personas en un estado natural de supervivencia no existirían, no tomarían decisiones y no pondrían en riesgo al resto de personas.

Son manipulables, caen muy fácil en la propaganda emocional y acaban poniendo en riesgo civilizaciones. Además, es algo realmente complicado de sobrellevar porque son personas viscerales, irracionales, sin un ápice de instinto de supervivencia que han perdido el contacto con la realidad. Son esa clase de personas que no entienden que el orden hay que defenderlo y que el orden natural es el caos y la miseria. Aquellos que creen que la riqueza está dada y el bienestar que tienen es un derecho que alguien les debe proveer. Son profundamente débiles, llorarían como niños si vieran la realidad de un mundo cruel en el que impera la barbarie. Temblarían aterrorizados si vieran que el orden se impone mediante la violencia o el miedo a que el otro la ejerza. Les vendieron un mundo pacifista de arcoíris y diplomacia, pero lo que han vivido es una excepción en la historia.

Te atacan cuando quieres salvarles, te criminalizan cuando quieres quitarles las cadenas y te repudian por querer intentar hacerles ver la realidad. Además, a veces el coeficiente intelectual no ayuda. Y, creedme, a veces no es porque sean fanáticos, es porque las capacidades no lo permiten. Si la memoria RAM no da para procesar el código, hay que intentar simplificar el código para que esta gente pueda procesar estos razonamientos desde su capacidad de computación.

El mal les utiliza para conseguir sus objetivos escondiendo en una fachada noble intenciones perversas en el fondo. Y cuando ves lo fácil que es engañarlos, lo fácil que es distraerlos y conseguir que hagan exactamente lo que quieren, acabas entendiendo por qué la élite hace lo que hace con ellos.

A veces he llegado a pensar en que hacen apuestas de las estupideces que son capaces de comerse la mayoría de borregos a nivel social. Con perspectiva veremos muchas de las cosas que vivimos en los últimos años como un absoluto delirio; una de esas épocas que cuando estudiabas historia pensabas: «¿Pero en esa época eran gilipollas?».

Sí, estamos en una de esas épocas y una de las duras. Dicen que el mal vence cuando los hombres buenos no hacen nada. Y estamos atravesando una etapa en la que se necesitan más personas dispuestas a decir abiertamente que el emperador va desnudo.

Porque muchos llevamos la lucha en solitario, asumiendo que seremos apestados a nivel social, asumiendo que nunca tendremos la gloria de los que potencian la agenda del sistema, que nunca tendremos el *glamour*, que nunca pisaremos las alfombras rojas y que siempre seremos los villanos de una historia mal contada.

Sé que a veces es difícil y es un sacrificio que muchas veces no está agradecido ni pagado. Pero el mundo necesita hombres valientes y os aseguro que la historia nos pondrá en nuestro lugar. La historia hablará de aquellos hombres que decidieron pelear contra este delirio y no agacharon la cabeza para encajar en un mundo de absolutos lunáticos. Otros por no perder dinero o ser señalados decidieron callar y dejar que el mal avance, pero por ello nunca jamás nadie recordará vuestro nombre.

Porque estáis gobernados por el miedo, porque buscáis encajar en un mundo que ha perdido la cabeza. Porque os importa más no ser juzgados o señalados que dejar un mundo mejor a vuestros hijos. Lo siento, pero se me caería la cara de vergüenza pensar en que tuviera que mirar a mis hijos a los ojos y explicarles que su padre dejó que lo que ha sido la civilización más prospera de la historia se convirtiera en cenizas porque tenía miedo a que le tildaran de fascista.

Lo siento, pero no soy como vosotros. Me dan igual vuestros premios, vuestro *glamour*, vuestras portadas pagadas, vuestras alfombras rojas, vuestros patrocinadores y vuestro postureo. Acepto el rol del malo, del que nadie quiere vincularse a él, del que las empresas no quieren patrocinar, del que nadie quiere que le vean con él. Hace tiempo acepté el rol del villano. Y si tengo que ser el villano de esta película, os aseguro que estos lunáticos van a tener al mejor villano de la historia.

Ganaremos, se celebrarán juicios y en mi mesa comerán los que conmigo pasaron hambre. Roma no paga a traidores.

¿Y sabéis por qué ganaremos? Porque tenemos una herramienta que aún no pueden controlar y que está destruyendo toda su narrativa. Los verdaderos líderes de opinión ya no están en la televisión ni en los medios tradicionales, están en las redes sociales. Y aún tenemos a un grueso de la población que consume este tipo de contenido a través de los medios tradicionales, pero el reloj juega en su contra. Las nuevas generaciones no consumen este tipo de medios y se les escapa de las manos la situación.

Causa por la cual muy probablemente intenten controlar aún más las redes sociales. Desde Bruselas están absolutamente desesperados por eliminar esta amenaza, solo necesitan la premisa adecuada. Como ya mencionamos anteriormente, los políticos cuando quieren prohibir algo necesitan una cabeza de turco, una excusa aparentemente noble que les permita poder controlar aquello que pone en peligro su poder. Causa por la cual llevamos tiempo oyendo hablar de *fake news*, de desinformación, de discurso de odio y demás lindezas que les encanta mencionar a los políticos. Esto no deja de ser empezar a sembrar una narrativa para que la población acepte que se intervengan las redes sociales y se controle lo que hay en ellas.

Además, ya han intentado imponer regulaciones para equiparar a ciertos *influencers* a los medios de comunicación para así intentar controlar o limitar su crecimiento. Quieren equiparles en regulación, pero no en el dinero público que manejan y los privilegios de los que disfrutan.

El *influencer* ahora mismo es muy incómodo para el sistema y ya están intentando generar *influencers* subvencionados. El *influencer* se puede ganar muy bien la vida en internet, cosa que el periodista y medio de comunicación medio no puede hacer. Además, para comprar el relato del *influencer* con verdadera influencia no vale con darle alguna paguita, porque eso es literalmente migajas para ellos, si quisieras comprar su relato deberías bajar impuestos. Y como podéis imaginar eso es algo que no está encima de la mesa para la izquierda. Incluso si fueran medianamente inteligentes aplicarían una fórmula parecida a la que aplican con el sector de la cultura, pero una vez más a estos se les puede comprar porque no saben generar dinero por sí mismos.

Pero con el sector de la cultura la izquierda sí que aplica un clientelismo inteligente; al final son personas con influencia que difunden sus mensajes a cambio de subvenciones y privilegios en su trabajo. Esta fórmula podría funcionar muy bien con los *influencers* y que no os extrañe que se llegue a dar. Porque hasta el momento los *influencers* en general se les han rebelado y no han conseguido llevarles a su terreno. Un ejemplo muy claro es lo ocurrido con la polémica de Andorra y los *youtubers*.

Esta polémica la viví en primera persona y os aseguro que fue la primera vez que los medios de comunicación y el poder político vieron que habían perdido el control de la narrativa. Estaban absolutamente desesperados por reconducir la narrativa. Aún recuerdo cuando me invitaron a Cuatro y eso acabó siendo una batalla a muerte con Javier Ruiz. A mí me vendieron esa intervención como que yo iba a ir a hablar sobre cómo es vivir en Andorra. Como os podéis imaginar allí fui a todo menos a eso. Y esto es algo muy común en los medios de comunicación: mentir sistemáticamente a los invitados fingiendo simpatía y empatía con el invitado para luego tirar a los leones al invitado, al cual posteriormente no se le da ninguna explicación de semejantes encerronas.

Pero volviendo a la polémica de Andorra, lo que en su momento creyeron que iba a ser una batalla mediática fácil de ganar alegando al chantaje emocional de la sanidad y la educación, que siempre les había funcionado muy bien, se convirtió en una encrucijada que se volvió en su contra. Por primera vez en mucho tiempo estaban perdiendo el relato y la población les empezaba a señalar a ellos. Estamos hablando de medios de comunicación que en plena pandemia se dedicaban a señalar a personas que libremente decidían irse a vivir a otro país cuando ellos estaban recibiendo dinero público mientras autónomos tenían que echar el cierre.

Recibían dinero público porque iban a perder ingresos publicitarios con la pandemia, pero esto solo era una excusa para encubrir la compra sistemática del silencio de todos los medios de comunicación que actuaron en connivencia absoluta con el poder político. No se discutía absolutamente nada, se incentivaba perseguir y aislar a las personas que decidían no vacunarse y se ejercía presión social para tratarles como apestados. Un episodio terrorífico que muchos han olvidado demasiado rápido.

Los medios intentaban vender que aquellos que viviendo de su propio dinero deciden irse a vivir a otro país eran responsables de las personas que pudieran morir durante la pandemia e incluso afirmar que estos *youtubers* estaban robando a la población. Un nivel de chantaje emocional de una bajeza espectacular. Cuando el poder tiene que recurrir a chantajes de un nivel tan bajo, quiere decir que están perdiendo completamente el control de la narrativa. Cuanto más tiempo los medios de comunicación se tiran machacando con un tema, más difícil se les está haciendo manejar la narrativa. Causa por la cual se han tirado meses dando la vara con las pensiones, porque se les está haciendo muy difícil controlar la narrativa.

Además, la agilidad de respuesta de las redes sociales frente a los medios de comunicación les hace perder muy rápido la línea del relato. Sin las redes sociales la comunicación era un completo circuito cerrado en el que al espectador no le llegaba más información que la del cártel mediático. A día de hoy se puede desbaratar a tiempo real toda la narrativa de todos los medios y tertulianos colocados a dedo por los partidos políticos. Esto es una cuestión que no se aborda lo suficiente y es la del centro de las tertulias por parte de los partidos políticos.

Soy partidario de la máxima pluralidad ideológica en los entornos televisivos, pero el tener directamente a extensiones de los partidos políticos en las tertulias es algo que pervierte directamente la honestidad intelectual y el sentido crítico. Un ejemplo claro de ello lo estamos viendo con todos los escándalos que están afectando al PSOE. Es muy triste ver a tertulianos intentando minimizar todos los escándalos que están afectando al PSOE; el sectarismo político y la falta de autocrítica es una de las cuestiones que más están afectando a la izquierda.

Y esto no quiere decir que no haya sectarios exactamente iguales en la derecha, pero lo que hemos visto con el PSOE es de un sectarismo histórico. El servilismo ideológico de muchas personas por el miedo irracional a un hombre del saco llamado ultraderecha ha hecho que muchos ciudadanos hayan perdido absolutamente la noción de la realidad. Y aquí entramos en un declive a nivel social realmente preocupante, porque estamos hablando de que hay personas que preferirían estar en la más absoluta miseria antes de que gobernara la derecha.

Y alguno pensará que estoy exagerando. Yo pienso que no sois conscientes de lo lobotomizadas que están muchas personas. Es un miedo absolutamente irracional. Personas que a día de hoy son conscientes de que viven peor que antes, que las nuevas generaciones no están teniendo lo que tuvieron las anteriores, que lo que antes era normal ahora es un lujo, que pagas más impuestos que nunca y tienes unos servicios públicos que no están a la altura, que cuando el Gobierno debería estar no está ni se le espera, que el español ha normalizado el no llegar a fin de mes, que se ha normalizado la cultura de la subvención, que se celebra el aumento de personas que cobran el ingreso mínimo vital... y podría seguir enumerando despropósitos, pero ¿sabéis qué?, esto no es suficiente, porque hay una gran parte de españoles que prefiere esto antes que gobierne la derecha.

Y aquí los medios han hecho un excelente trabajo romantizando la pobreza y haciendo creer a los ciudadanos que el empobrecimiento es algo guay. Ya sea creando algún término anglosajón guay que permita hacer *cool* la pobreza o revistiéndolo de ecosostenible.

Esto es un proceso lento en el cual el ciudadano acaba asimilando el nivel de pobreza, asumiendo que es lo que hay y que «no podemos quejarnos según están las cosas». Creo que todos hemos oído estas frases que no son otra cosa que indefensión aprendida. Someterte al proceso de empobrecimiento y degradación que llevas sufriendo prácticamente diecisiete años y del cual no hay horizonte de salir. Esto es algo preocupante porque se plantea un horizonte de nuevas generaciones sin ahorro, sin nada en propiedad, sin prácticamente hijos y con una absoluta dependencia del Gobierno.

Un horizonte espléndido para el bienestar del Estado y para la clase política, pero muy negro para el ciudadano que asume que es mejor ser pobre a que gobierne la derecha. España sufre un proceso de degradación que debería preocuparnos, porque esto no entiende de ideologías. Cada vez el Estado y los políticos tienen más poder sobre los ciudadanos y la separación de poderes es algo parecido a los Reyes Magos.

Cuando el poder avanza sobre los ciudadanos y mete sus garras en cada vez más ámbitos de la sociedad, se está asentando una base que, aunque la izquierda vea como algo bueno porque ellos son los que están en el poder, lo que provoca es una pérdida de libertades de los ciudadanos en beneficio de los políticos, ya sean de un lado o de otro.

Y en algún momento, querido perroflauta, los tuyos saldrán del Gobierno y se habrán asentado unas leyes que tú validaste y que ahora tus enemigos pueden utilizar en tu contra. Esto es el anillo de poder que todo el mundo quiere destruir hasta que lo tienen en su mano. Necesitamos un alma limpia y noble que sea nuestro Frodo y lo lance al Monte del Destino.

Estamos entrando en una deriva muy peligrosa que refleja una grandísima decadencia a nivel social, en la cual se le permite todo al partido que está en el poder porque es tu ideología política. Y fijaos que hay sectarios en la derecha, pero lo que hemos podido ver durante el Gobierno es para echarse las manos a la cabeza.

Desde aquí os puedo asegurar que un gran movimiento para salvar España podría ser infiltrarse en el PSOE, porque el PSOE es la nada a nivel político. El PSOE es lo que tenga que ser para mantenerse en el poder, el PSOE es lo que ellos llamarían de ideología fluida, es un partido que hoy puede pensar una cosa y al día siguiente te podrá hacer la contraria y tendrás a las hordas charistas aplaudiendo como focas todo lo que se diga.

Y en el PSOE saben esto; ellos saben que pueden ser lo que quieran, actuar como quieran, hacer lo que quieran y pensar como quieran que hay una masa de borregos que disfrutan de que les meen en la cara porque si no viene la ultraderecha.

Es una gran ventaja competitiva que, si conseguimos infiltrar en el partido a la suficiente gente y tomar su control con paciencia y tiempo, podría dar carta blanca a hacer lo que sea. Porque en la mayoría de los casos no se debaten ideas, lo que se defiende es al partido. Las ideas son lo de menos. No es el qué, es el quién. El PSOE tiene un cheque en blanco que sus votantes firman con tal de que no venga la ultraderecha. Temen irracionalmente a un fantasma que te da el poder absoluto sobre una masa de borregos sin criterio ninguno.

La mayoría de personas vota en función a prejuicios y cuñadeces. Ni siquiera tienen un conocimiento profundo y consolidado de por qué piensan como piensan. Han oído cuatro titulares sensacionalistas y con ello forman una opinión respecto a los que consideran buenos y malos.

Luego están los que tienen complejo de ONG y se piensan que el dinero del contribuyente es infinito y debe estar al servicio de todas las causas sociales que se les ocurra. Típico perfil de votante femenina que se siente mejor consigo misma gastando el dinero de los demás para creerse buena persona.

La explotación de la empatía de las mujeres jóvenes en el ámbito político por la izquierda es un peligro para la supervivencia de la civilización occidental. Y yo sé que nadie tiene los cojones para abrir este melón, pero hemos venido a jugar.

Menciono únicamente a las mujeres jóvenes, siendo también el resto de mujeres ampliamente votantes de la izquierda, debido a que considero a las charos un colectivo insalvable. Es una batalla que no merece la pena librar; son enfermas crónicas, hay que centrarse en las que aún no están en un proceso tan avanzado de charificación. El proceso de charificación se puede atajar bien al inicio, cuando el proceso es avanzado es prácticamente imposible de acabar con él.

Es la falacia del coste hundido: *La falacia del coste hundido es un sesgo cognitivo que lleva a las personas a continuar invirtiendo en un proyecto o decisión, incluso cuando ya no es rentable, debido a la inversión previa de tiempo, dinero o esfuerzo que ya no se puede recuperar. En otras palabras, se trata de la tendencia a tomar decisiones basándose en lo que ya se ha invertido, en lugar de evaluar la situación actual y futura.*

En el caso de las charos, asumir que han estado toda su vida equivocadas y que han tomado decisiones vinculantes que no pueden revertir es algo demasiado doloroso. Es mucho mejor continuar fanatizada y resentida con el mundo que asumir una realidad tan dura de ver.

Pero dejemos a las charos, que ya tienen bastante con lo suyo. La mujer media es carne de cañón frente a los cantos de sirena de la izquierda que apelan a su parte más empática y sentimental. Quién iba a estar en contra de ayudar a los desfavorecidos, cuidar el planeta, dar dinero a colectivos que me dan pena y me hacen parecer una persona abierta de mente o repartir subvenciones a toda perroflautada que me haga parecer moderna y alternativa.

Esta es la fachada con las que les captan, les hacen sentir buenas personas, apelan a su empatía, a su instinto de cuidado. El problema es que no son conscientes de que esas ideas que suenan tan bien y te hacen parecer tan buena persona son una máquina de crear pobres.

Además, a la hora de analizar estas políticas, la mayoría son fachadas buenistas liberticidas que con la excusa de cuidar el planeta te expolian fiscalmente y generan una alarma desmedida sobre un problema que no puedes atajar así. Y si no es esto son chiringuitos para colocar a la militancia y vivir del cuento lucrándose de las víctimas.

Y de verdad, tenemos un gran problema con las mujeres jóvenes en Occidente y nos debe hacer reflexionar. Miren a qué partidos votan y las ideas que promueven. Gran parte de los problemas que tiene Occidente ha venido por las ideas promovidas por este colectivo.

Afortunadamente, no todas las mujeres son así y muchas también han salido de la secta del feminismo, pero os aseguro que tenemos un gran problema con las mujeres jóvenes en Occidente y necesitamos más mujeres activistas de derecha.

Nadie se atreve a decirlo, pero las mujeres han sido las principales responsables de la pérdida de seguridad en Occidente por promover y apoyar la inmigración masiva. Una verdad incómoda, pero verdad. Las del quiero volver sola y borracha a casa te han convertido las grandes ciudades de Europa en absolutos vertederos de inseguridad con sus ideas de mierda para parecer buenas personas de cara a la galería.

Tenemos a toda una generación de pijas, que he denominado pijaflautas, que, como sus padres les dieron todo y no tuvieron que ganárselo por sí mismas, han decidido que la forma de sentirse mejor consigo mismas es repartir el dinero de los demás.

Y, sí, son pijas. Clase obrera, mis cojones. Son pijas jugando a la revolución porque desconocen el proceso de creación de riqueza que sus padres no les inculcaron. Cuando naces en una familia en la que la riqueza está dada, tu padre no te hacía mucho caso y te consentían, asumes como el orden normal que la riqueza está dada y que solo hay que repartirla.

Así se rebelan contra sus padres ricos que les dieron de todo menos cariño y juegan a repartir el dinero de los demás para batallar contra las supuestas injusticias de la sociedad. En muchos casos ni siquiera es porque les importen estas supuestas injusticias, es porque de cara a la galería queda bien parecer una persona concienciada con causas que te hacen parecer buena persona.

Como consejo os diría que os alejéis de aquellas personas que ponen especial empeño en parecer buenas personas: son las que más cadáveres tienen en el armario y hacen esto para calmar su conciencia y tener una fachada de persona intachable.

En la práctica son NPC en busca de aceptación y validación. En la Alemania nazi te puedo asegurar que estas serían las más nazis; son carne de propaganda altamente manipulables.

Hay una frase de Orwell en *1984* que expone esto muy bien: «A Winston le molestaban casi todas las mujeres y especialmente las jóvenes y bonitas porque eran siempre las mujeres, y sobre todo las jóvenes, lo más fanático del Partido, las que se tragaban todos los *slogans* de propaganda y abundaban entre ellas las espías aficionadas».

Y tenía toda la razón, son carne de propaganda y hay que empezar a tener conciencia de ello, y con esto las mujeres razonables y con dos dedos de frente nos pueden ayudar bastante. Porque a estas en cuanto les confrontas te sacan el comodín del machismo y con otras mujeres eso no les vale. Y sobre todo a la prensa le hace difícil llevar el relato hacia la misoginia si tienes un ejército de mujeres que confronta a estas pijaflautas.

Con todo esto se da un fenómeno muy divertido de analizar de pijas autodenominándose de clase obrera, llamando fascistas a obreros y alegando a su falta de conciencia de clase mientras destruyen sus barrios con sus políticas migratorias desde su chalet en La Moraleja.

Y por ello, queridos padres ricos, dediquen el suficiente tiempo con sus hijos, háganles ganarse las cosas con su esfuerzo y ahorren el disgusto a la sociedad de brindarnos a una perroflauta más. Hay cosas que el colegio privado y las clases de tenis no explican. Háganle ese favor a la sociedad, porque no hay nada más insufrible que una pija de izquierdas.

Hay algo que si echamos la vista atrás nos muestra cómo estamos en un proceso de empobrecimiento indudable: las películas antiguas en las que se hacía comedia con aquellas personas que con treinta años vivían con sus padres. Hablamos de que lo que hace veinte años era objeto de mofa hoy es la realidad de gran parte de los treintañeros. Somos la primera generación que va a vivir peor que sus padres a pesar de tener una ristra de títulos, idiomas y de haber pasado por una maratón académica. ¿Para qué te ha valido todo esto? Un albañil hace veinticinco años vivía mejor que tú trabajando hoy en una Big Four.

Le han vendido a la gente que han progresado y llevan décadas siendo más pobres que una rata. Tus padres podían comprarse un coche con comodidad y a ti te cuesta comprarte un maldito patinete. Vives en un proceso de empobrecimiento cómodo porque tienes distracciones que te hacen creer que no estás tan mal. En el fondo vives completamente anestesiado y calmas tu mente pensando que todo el mundo está igual, pero como bien me decía mi madre de pequeño: «Mal de muchos, consuelo de tontos».

No puedes ahorrar y como no puedes ahorrar no tienes un plan de futuro. No ves el momento en el que tendrás una casa en propiedad y el tener una familia cada vez más se ve como un sueño irrealizable para muchos de los jóvenes presos del hedonismo individualista que gobierna esta sociedad.

Y permitidme zanjar esta reflexión siendo vuestro Tyler Durden: «Somos los hijos malditos de la historia, desarraigados y sin objetivos. No hemos sufrido una gran guerra ni una depresión. Nuestra guerra es la guerra espiritual, nuestra gran depresión es nuestra vida. Crecimos con la televisión que nos hizo creer que algún día seríamos millonarios, dioses del cine o estrellas del *rock*, pero no lo seremos y poco a poco lo entendemos, lo que hace que estemos muy cabreados».

Pero el empobrecimiento no ha sido solo económico, también moral. El poder digital no solo nos ha traído una vía de escape frente a los medios tradicionales, también nos ha traído un sistema para anestesiar a gran parte de la población.

Las redes sociales bien utilizadas pueden ser una grandísima herramienta, pero muchas personas se han convertido en auténticos *yonkies* de validación en torno a ellas. Y hay que tener conciencia de que gran parte de la población consume absoluta basura en las redes sociales que les fomenta una insatisfacción crónica.

Hombres que sufren un bombardeo constante de lujos, coches y ostentación que les hace sentirse constantemente miserables e intentar aparentar una vida que no tienen para sentirse válidos. Mujeres que creen que la vida se basa en estar viajando constantemente a Miami, Dubái, Ibiza, Saint-Tropez, Maldivas o Bali, y necesitan constantemente mostrarse en los mejores lugares de moda para posturear con el resto de mujeres.

Hombres que asumen como la norma ver constantemente a mujeres sexualizadas e irreales que les hace perder absolutamente el contacto con la realidad y les convierte en auténticos mandriles. Mujeres consumiendo contenido de petardas en TikTok que aseguran que, si tu novio no te trae al Circo del Sol por tu cumpleaños y se lanza en paracaídas con un Birkin colgado de las pelotas como regalo, no te quiere.

Sé que alguno se estará descojonando, pero tenemos toda una generación de mujeres insatisfechas porque hay petardas vendiéndoles una vida irreal en TikTok que les hace sentir constantemente insatisfechas.

Creedme, hay toda una generación de petardas que han asumido lujos como norma porque lo ven constantemente en Instagram. Y están constantemente comparándose con otras petardas que lo único que hacen es mostrar una vida ideal totalmente artificial como la del resto de petardas. Lo cual les hace vivir constantemente insatisfechas porque entre petardas se dicen que no se merecen menos y que es lo mínimo. Toda una generación de hombres y mujeres viviendo por y para los demás. Os sorprendería hasta qué punto la gente vive con la necesidad de aparentar en las redes sociales.

Hace poco un buen colega que hace negocios en Mónaco me contó que uno de los negocios que más rentabilidad le ha dado el último año ha sido alquilar yates por una hora con una copa de *champagne* para que la gente se sacara fotos durante el Gran Premio de Fórmula 1.

Sí, señores, estamos hablando de que hay gente que paga por sacarse la foto en el yate en Mónaco y bajarse. Y también tenemos a gente pagando vacaciones a crédito para posturear en redes sociales. Y en la línea con esto me gustaría que os hicierais una pregunta: ¿harías lo que haces si no pudieras enseñarlo?

Estamos ante la primera generación de la historia que vive la vida en tercera persona, no en primera persona. Viven por y para que los demás vean que están haciendo algo. Esto me recuerda a una frase que me dijo un buen colega: «Víctor, el día que te puedas subir a un avión privado sin tener que hacer una foto estarás en el nivel de los grandes».

Hazte estas preguntas: ¿el coche que tienes es para ti o para que los demás vean que lo tienes? ¿La ropa que tienes es para ti o para que los demás vean que la tienes? ¿Los viajes que haces son para ti o para que los demás vean que los haces? ¿Los reservados en la discoteca son para ti o para que los demás vean que estás en ellos?

El día que os deis cuenta de que muchos vivís para agradar a personas a las que no les importáis, ni que jamás os tendrán ningún aprecio, seréis verdaderamente libres. Liberaos de las cadenas de aparentar, haced libremente lo que os venga en gana porque queréis hacerlo, no porque queréis que los demás os vean haciéndolo.

Deja de creer que lo que ves en redes sociales es la norma y céntrate en vivir la vida que tienes en línea con tus valores y con tu esencia. Y sobre todo valora lo que tienes y lo que has conseguido, hónrate como persona y deja de compararte con los demás.

Y, creedme, con los años y con la madurez acabaréis prefiriendo llevar todo esto en privado. Cuando vienes de abajo tienes tendencia a querer mostrar los frutos materiales de tu éxito. Como diría Ábalos: «Complejos de pobre». Y es exactamente así.

El verdadero éxito es silencioso y elegante. Protege ese éxito, muchos de los que te observan te quieren ver bien, pero nunca mejor que ellos. Créeme, tus peores enemigos son aquellos que no sabes que lo son, muchos están en la sombra observando, poniéndote buena cara y esperando a que fracases. Esperando el momento adecuado para cuando estés en el suelo pisarte el cuello. Se que es triste de asumir, pero muchas personas no disfrutan de vuestro éxito y querrán arruinarlo.

La privacidad es poder. Porque lo que no se conoce no se puede destruir.

El efecto red y el modelo obsoleto de los medios de comunicación

El efecto red es algo que los dinosaurios mediáticos jamás entendieron. O, mejor dicho, nunca quisieron entender, porque asumirlo significaba reconocer que su tiempo había terminado. El efecto red explica por qué unas plataformas se convierten en gigantes y otras se hunden en la irrelevancia. Explica por qué un chaval con una cuenta en YouTube puede tener más poder que un periódico con cien años de historia. Explica por qué un foro cualquiera, lleno de anónimos, puede tumbar la narrativa oficial de todos los telediarios juntos. Y explica, sobre todo, por qué los medios de comunicación tradicionales están condenados: porque su modelo es obsoleto frente a la lógica implacable de la red.

El efecto red es simple: cuantos más usuarios tiene una plataforma, más valiosa se vuelve. No porque su tecnología sea mejor, no porque sus servidores sean más potentes, sino porque la gente está ahí. Es como una plaza pública: si está vacía, nadie entra; si está llena, todos quieren entrar. Facebook arrasó porque todos tus amigos estaban ahí. Twitter/X sigue siendo relevante porque, aunque muchos lo odien, la conversación política sigue pasando allí. TikTok explotó porque fue capaz de atraer masas de usuarios jóvenes que luego arrastraron a todos los demás.

Los medios de comunicación tradicionales funcionaban con una lógica totalmente contraria: ellos eran los dueños de la plaza, decidían quién entraba, quién hablaba, quién salía. Controlaban la puerta de acceso a la información. Si querías enterarte de lo que pasaba, tenías que pasar por ellos. Y mientras duró, fue un negocio redondo. Podían cobrar a los lectores, podían cobrar a los anunciantes, podían cobrar a los políticos su silencio. Pero esa lógica murió el día que internet permitió que cualquiera pudiera hablar y cualquiera pudiera escuchar a cualquiera. El efecto red convirtió a los usuarios en la verdadera fuente de poder, y los medios nunca lo vieron venir.

Es casi gracioso ver cómo se siguen creyendo relevantes. Son como esos viejos músicos de orquesta que siguen afinando su violín en un rincón mientras el estadio entero está coreando a un DJ. El público ya no está con ellos, pero siguen convencidos de que son imprescindibles. No entienden que su modelo está muerto porque se basaba en un monopolio de la escasez: había pocos canales, pocos periódicos, pocas radios. Hoy la abundancia es infinita. Y en la abundancia, el monopolio muere.

Lo peor es que, en lugar de adaptarse, los medios eligieron el camino de la prostitución. En vez de reinventarse, vendieron su independencia por dinero público. El viejo modelo de publicidad se derrumbó porque los anunciantes ya no necesitan un periódico para llegar al público: lo hacen a través de Google, Facebook, Instagram. Los periódicos dejaron de ser intermediarios rentables.

¿Qué hicieron entonces? Ir con la mano tendida al político de turno para pedir subvenciones. Se convirtieron en yonquis del dinero público. Y un yonqui no tiene dignidad. Un yonqui hace lo que sea por la siguiente dosis.

Así estamos: con medios que en teoría deberían fiscalizar al poder, pero que en la práctica viven de él. Medios que se presentan como guardianes de la democracia mientras cobran cheques de los Gobiernos que deberían vigilar. Medios que perdieron toda credibilidad porque ya no informan, adoctrinan. Y todo porque no entendieron el efecto red, no entendieron que su modelo de negocio había muerto y que la única salida era reinventarse.

El efecto red también explica por qué el ciudadano confía más en un creador digital que en un periodista con veinte años de carrera. Porque la confianza ya no se deposita en instituciones, se deposita en comunidades. Tú no sigues a un periodista porque sale en un periódico, lo sigues porque lo sientes cercano, porque te habla directamente, porque interactúa contigo en redes. Eso es efecto red: una relación horizontal, directa, que multiplica su valor cuanto más crece la comunidad. Y eso los periodistas vendidos jamás podrán ofrecerlo, porque se interponen entre ellos y su audiencia sus jefes, sus anunciantes y sus políticos acreedores.

Los viejos medios siguen obsesionados con medir su relevancia en función de premios, de tiradas, de entrevistas con ministros. No entienden que la relevancia hoy se mide en clics, en compartidos, en *likes*, en interacciones reales. Que lo importante no es salir en portada, sino estar en el *timeline* de la gente. Que un tuit puede valer más que un editorial. Y eso los vuelve locos, porque toda su arrogancia se basaba en su papel de *gatekeepers*, de guardianes de la puerta. Hoy la puerta está abierta de par en par y cualquiera entra.

La reacción de los viejos medios ante esta realidad ha sido patética. Intentaron desprestigiar a los creadores digitales llamándolos *influencers*, como si fuera un insulto. Los ridiculizan como *amateurs*, como chavales inmaduros. Pero la realidad es que esos chavales tienen más poder que ellos porque entendieron el efecto red. Crearon comunidades, crearon confianza, crearon audiencias reales. Mientras tanto, los viejos medios se encierran en su torre de marfil, cada vez más desconectados, cada vez más dependientes de la droga del dinero público.

Lo que ocurre con el efecto red es que es implacable: no perdona a los que llegan tarde. Google intentó mil veces crear redes sociales para competir con Facebook o Twitter. Fracasó una y otra vez, y hablamos de Google, el gigante de internet. ¿Por qué fracasó? Porque no pudo crear comunidad. Porque no puedes obligar a la gente a estar en un sitio donde no están sus amigos, sus intereses, sus conversaciones. El efecto red es brutal: o lo tienes o estás muerto. Y los medios tradicionales no lo tienen. Pueden comprar periodistas, pueden comprar políticos, pueden comprar publicidad, pero no pueden comprar comunidad.

Por eso su modelo está muerto. Porque en un mundo donde el poder se mide en comunidad, ellos ya no tienen a nadie. Tienen lectores forzados, subvencionados, aburridos. Tienen suscripciones que nadie paga sin la ayuda de promociones absurdas. Tienen visitas compradas a golpe de *clickbait*, pero no tienen comunidad real. Y sin comunidad, no hay poder.

Lo que viene es aún peor para ellos. Porque las nuevas generaciones jamás confiarán en medios tradicionales. Para ellos, el periódico es un objeto de museo, la televisión es el ruido de fondo de sus abuelos, la radio es el despertador del coche de sus padres. La confianza está en Twitch, en TikTok, en YouTube, en Telegram. La conversación real ocurre ahí. Y lo más doloroso para los *boomers* mediáticos es que no hay marcha atrás. Pueden mendigar todo el dinero público que quieran, pero no podrán recuperar la confianza perdida.

El efecto red no solo destruye el modelo de negocio de los medios tradicionales, también pulveriza su autoridad. Durante décadas, la autoridad del periodista no se basaba en la verdad, sino en el monopolio. Se les escuchaba no porque fueran brillantes, sino porque eran los únicos con acceso al micrófono. Su poder provenía de un oligopolio de distribución. Hoy esa lógica se invirtió. En la red nadie tiene autoridad por decreto: la autoridad se gana a base de comunidad, de interacciones, de confianza. El periodista que durante años fue reverenciado como gurú se convierte en irrelevante cuando se da cuenta de que un usuario anónimo con un meme le roba la atención en segundos.

Y aquí entra en juego algo clave: la velocidad. En la red, el tiempo lo es todo. Un meme viral puede surgir y recorrer medio planeta en minutos. Un vídeo corto puede destrozar la reputación de un político antes de que un periodista termine de redactar su artículo. El medio tradicional necesita horas, a veces días, para producir su contenido, validarlo, publicarlo. En internet, ese ritmo es de risa. La velocidad de viralización deja a los viejos medios desarmados: siempre llegan tarde, siempre corren detrás de lo que ya pasó, siempre explicando lo que la gente ya sabe. Y en comunicación, llegar tarde es sinónimo de estar muerto.

Lo más gracioso es cómo intentaron adaptarse copiando lo que no entendían. Creyeron que bastaba con abrir cuentas en Twitter o en TikTok para ser relevantes. Y lo hicieron de la forma más ridícula posible: colgando los mismos discursos solemnes, los mismos titulares aburridos, pero ahora en vídeo vertical. Creen que por empaquetar lo mismo en un formato nuevo van a engañar a la audiencia. No entendieron que internet no es el envoltorio, es el lenguaje. Y su lenguaje huele a naftalina.

El ego del periodista es otro factor que impide que se adapten. Ellos se siguen creyendo la élite intelectual de la sociedad. Se miran al espejo y ven héroes de la democracia, guardianes de la verdad. Y, claro, cuando un chaval de veinte años con un canal de YouTube tiene más audiencia y credibilidad que ellos, se sienten insultados. No pueden soportar que el efecto red haya convertido su diploma universitario en papel mojado. Les duele aceptar que la gente confía más en un creador digital sin formación académica que en ellos, que gastaron su vida intentando escalar en redacciones cada vez más decadentes. El ego no les permite aceptar su irrelevancia.

El resultado es que intentan desprestigiar al nuevo ecosistema llamándolo «posverdad», «desinformación», *fake news*. Como si ellos hubieran sido siempre heraldos de la objetividad. Pero la gente ya no les cree, porque internet expone sus contradicciones en tiempo real. Cuando un medio manipula, un usuario cualquiera sube un vídeo que lo desmiente. Cuando un periodista omite información, alguien lo señala en redes con pruebas. Esa fiscalización ciudadana es letal para los viejos medios, porque desnuda su mentira frente a todos.

Ejemplos sobran. Intentaron imponer la narrativa de que Trump no tenía posibilidades en 2016 y la red les explotó en la cara. Intentaron vender que el Brexit era imposible y la red organizó un movimiento imparable. Intentaron minimizar el fenómeno de Milei en Argentina y los memes los arrasaron. Lo mismo con Vox en España: mientras los medios intentaban ridiculizarlos, las redes los convirtieron en tema de conversación constante. En cada caso, el efecto red destrozó el monopolio narrativo de los medios y mostró que sus titulares ya no marcan la agenda.

El pánico de los políticos frente a esta nueva realidad es evidente. Antes podían controlar el relato con llamadas a directores de medios, con publicidad institucional, con licencias de televisión.

Hoy no sirve de nada. Pueden comprar periódicos, pero no pueden comprar redes enteras. El efecto red es ingobernable: cuanto más lo intentas controlar, más se te escapa de las manos. Por eso ahora hablan tanto de regular internet, de vigilar *fake news*, de controlar los algoritmos.

Porque sienten que se les escurre la narrativa entre los dedos. Están aterrorizados de que el ciudadano corriente tenga más poder de comunicación que ellos.

El efecto red también genera una humillación constante para el viejo periodismo: cada vez que intentan imponer una mentira, internet los ridiculiza. Y lo peor para ellos es que ya no pueden eliminar esa humillación. Un titular manipulado queda registrado, un vídeo de un tertuliano mintiendo queda colgado para siempre. El archivo digital es un cementerio eterno de sus errores y sus miserias. Y la memoria digital no perdona.

Los medios tradicionales, en su ceguera, todavía creen que su enemigo es el otro periódico, la otra televisión. No entienden que su verdadero enemigo es la propia red. Una red que no se puede comprar, que no se puede callar, que no responde a jerarquías. El efecto red es como una marea: no la puedes detener, solo puedes aprender a navegarla. Pero ellos, en lugar de adaptarse, intentan poner diques de papel. Y se ahogan en su propia soberbia.

La pérdida de reputación de los medios tradicionales

Durante décadas, los medios de comunicación se presentaron como el cuarto poder. El perro guardián de la democracia, el filtro entre el poder y el ciudadano, los supuestos vigilantes que iban a destapar la corrupción y protegernos de los abusos. Esa era la narrativa que ellos mismos fabricaron y que la sociedad compró durante mucho tiempo.

El problema es que con el paso de los años demostraron que no eran perros guardianes, eran perros falderos. Y cuando un perro guardián se convierte en mascota del poder, deja de dar miedo y pierde toda su utilidad. Así empezó la pérdida de reputación de los medios: no porque la gente se volviera «antiperiodista», sino porque los periodistas traicionaron la confianza de quienes los seguían.

La reputación es un bien frágil. Se construye con años de coherencia y se destruye en segundos. Y los medios la destruyeron con una mezcla de arrogancia y prostitución. Se creyeron intocables, superiores, indispensables. Mientras tanto, se vendían al mejor postor: Gobiernos, partidos, bancos, anunciantes. La ciudadanía empezó a sospechar que lo que leían o veían no era información, era publicidad encubierta, propaganda disfrazada de noticia. Esa sospecha se convirtió en certeza cuando internet abrió la puerta a contrastar lo que antes no se podía contrastar.

Las redes sociales fueron el espejo que mostró la verdadera cara de los medios. Cada vez que manipulaban un titular, alguien subía el vídeo completo que los dejaba en evidencia. Cada vez que omitían un dato clave, un usuario lo publicaba en Twitter con pruebas. Cada vez que trataban de imponer un relato, la red lo ridiculizaba con memes. Esa fiscalización permanente los dejó desnudos, y, cuando un medio queda expuesto en su mentira, su reputación cae a plomo. El problema es que ya no hay vuelta atrás: el archivo digital conserva cada manipulación, cada titular vergonzoso, cada montaje ridículo. La memoria de internet es eterna, y la reputación no resucita una vez enterrada.

Los medios intentaron defenderse culpando a las redes. Hablaron de la «posverdad», de las *fake news*, de la «desinformación». Como si ellos hubieran sido heraldos de la objetividad pura. La realidad es que las *fake news* existieron siempre, solo que antes eran monopolio de los periódicos. Lo que cambió es que ahora cualquiera puede denunciarlas. La pérdida de reputación no vino porque la gente se volvió conspiranoica, vino porque los medios se mostraron como conspiradores. El ciudadano descubrió que el rey iba desnudo, y el rey eran ellos.

Un ejemplo claro fue la cobertura política en Estados Unidos. Los grandes medios se alinearon sin disimulo contra Trump, fabricaron relatos, ocultaron historias incómodas como el portátil de Hunter Biden, inflaron bulos que luego se desmentían en silencio. El ciudadano medio lo vio, lo compartió en redes, lo entendió: la prensa ya no informaba, militaba. Y cuando un medio se convierte en militante, pierde su reputación de árbitro imparcial. Lo mismo pasó en Europa con fenómenos como el Brexit, AfD, Le Pen o Vox. Los medios no analizaron, insultaron. No informaron, atacaron. No fiscalizaron, sermonearon. Y en ese giro, perdieron lo único que los hacía valiosos: la confianza.

La reputación también se erosionó por su evidente desconexión con la realidad. Mientras millones de ciudadanos sufrían la inseguridad, la inflación o el desempleo, los medios repetían los mantras del *establishment*. Negaban problemas, maquillaban estadísticas, ridiculizaban denuncias. Y, claro, cuando la experiencia diaria de la gente contradice el relato mediático, la reputación se hunde. Nadie respeta a quien vive en una burbuja de manipulación.

Para mí hay un punto de inflexión muy claro en la pérdida de reputación de los medios de comunicación y es la pandemia. Vamos a remontarnos a los meses previos a la pandemia.

Cómo es posible que en cuestión de semanas pasáramos de una narrativa en la que se negaba el peligro que podía conllevar el coronavirus, se hablaba de que cerrar los aeropuertos era una exageración o incluso se decía a la población que las mascarillas no eran necesarias a una narrativa de nadie puede salir de casa ni a tomar el aire estando solo en el campo.

Los mismos medios que primero decían que había que salir el 8M a pesar del coronavirus y que no pasaba nada en cuestión de semanas empezaron con la persecución de ciudadanos que simplemente salían a la calle a dar una vuelta. Llegamos a ver helicópteros que actuaban contra personas que estaban solas en la playa sentadas. Actuaciones que jamás veremos con esa contundencia con nuestros amigos del moropatín.

Una eficacia absoluta para perseguir a ciudadanos que no ponían a nadie en peligro, pero las manos atadas frente a okupas y jovenlandeses que actúan con total impunidad por las calles. Vivimos en una auténtica simulación.

Creo que hemos olvidado demasiado rápido el delirio que vivimos durante la pandemia. Cómo cuando había que haber actuado con contundencia no se hizo y cómo cuando ya no era necesaria tanta contundencia se arruinaban negocios con restricciones desmedidas.

Llegando incluso a llamar a la persecución y marginación de las personas que voluntariamente decidían no vacunarse dentro de su derecho a desconfiar de una terapia experimental. Se llegó a intentar excluir a estas personas de las cenas de Navidad e incluso animar a excluirlos de sus relaciones.

Cómo se restringió de manera desmedida el movimiento entre comunidades autónomas cuando podían llegar aviones del extranjero al país. Cómo se trataba como a un criminal al que tenía que desplazarse por cualquier motivo, mientras teníamos a los diputados del PSOE de pilinguis y disfrutando del dinero del contribuyente.

Cómo los medios nos mintieron diciendo que la vacunación prevenía de contagiar, cuando era mentira, justificando un pasaporte COVID que hacía la vida imposible al que no quería pasar por el aro. El pasaporte COVID no fue otra cosa que una licencia para contagiar y una extorsión al que no quería vacunarse.

Cómo nos mantenían horas en aviones con mascarillas cuando podías estar en una discoteca abarrotada de gente sin ella. Cómo al entrar a un restaurante tenías que ponerte mascarilla estando de pie y te la podías quitar al sentarte.

Hemos olvidado completamente el delirio del cual los medios de comunicación fueron cómplices y muchos quieren enterrar todo lo que pasó porque fue el mayor ataque a las libertades de los ciudadanos del siglo XXI.

Creo que nunca se había podido evidenciar de manera tan escandalosa la desinformación a la que nos vimos sometidos durante varios años con la pandemia. Y esto fue gracias a poder contrastar información en internet, y fijaos que pusieron empeño en censurar cualquier opinión disidente al respecto en redes sociales.

Si ya los medios tenían poca credibilidad por entonces, esto les hizo muchísimo daño y los jóvenes vieron de manera muy evidente la realidad sobre estos medios. Situación que se ha agravado muchísimo en RTVE durante el Gobierno de Sánchez.

Todos de alguna manera u otra hemos sido siempre conscientes de que RTVE ha sido utilizado como un medio propagandístico del Gobierno que tocara en cada momento. Y esto no es cuestión de izquierdas o de derechas, siempre ha sido instrumentalizado por el poder.

Pero, dentro de lo que cabía, previamente podíamos ver cierta sutileza en esta instrumentalización; con el Gobierno de Sánchez, a golpe de talonario, se ha colocado a activistas de izquierda en programas durante todo el día en RTVE. Desde que te levantas hasta que te acuestas tienes programación plenamente dirigida por activistas políticos al servicio del relato del PSOE.

Los medios tradicionales nos lo han puesto muy fácil a los creadores de contenido, ellos mismos se han ido cavando su propia tumba y todas sus acciones han consolidado la credibilidad de los medios en internet, pese a los esfuerzos del poder político de desprestigiar a las nuevas formas de comunicación.

Los mayores manipuladores y desinformadores advirtiendo del peligro de los bulos en internet, cuando la realidad es que en internet nunca había sido tan fácil desmentir los bulos. Donde es difícil desmentir los bulos es en los medios tradicionales donde todas las opiniones están controladas y no se permite que el espectador opine o corrija lo que sale en estos medios.

Es un circuito cerrado de información en el que no existe la posibilidad de corrección o de crítica, cosa que en las redes sociales está a la orden del día. Una persona que solo ve la televisión puede ser mucho más manipulable que alguien que está en internet ante la imposibilidad de ver las reacciones y contrastes de los usuarios como ocurre en internet.

Los medios tradicionales eran muy felices con este circuito cerrado de información en el que nada se les escapaba de las manos.

Lo más interesante es cómo, después de la pandemia, el castillo de naipes no volvió a levantarse. Los medios pensaban que una vez pasara la tormenta la gente olvidaría, que el ciudadano volvería dócil a encender la televisión y tragar con sus relatos. Pero no. El daño a la reputación fue irreversible. Muchos se desconectaron para siempre. Empezaron a informarse en internet, a seguir canales independientes, a participar en foros, a consumir *podcasts.* Y cuando pruebas eso, ya no hay vuelta atrás. No regresas a las tertulias de siempre porque entiendes que lo que allí se sirve no es información, es manipulación con corbata.

RTVE se convirtió en el símbolo más grotesco de esta decadencia. Lo que antes era un instrumento del poder maquillado con cierto decoro, ahora es una máquina descarada de propaganda. Ya no hay ni disimulo: presentadores abiertamente militantes, tertulias con invitados que son activistas de partido, programas que parecen panfletos audiovisuales. Es una televisión pública al servicio exclusivo del PSOE y sus socios, pagada por todos los españoles. Y eso genera un resentimiento lógico: no solo manipulan, encima lo hacen con tu dinero. Cada telediario es un recordatorio de que financias tu propia intoxicación. Eso erosiona todavía más la reputación, porque la gente percibe la humillación en carne viva.

Los medios privados no salen mejor parados. Se han convertido en pedigüeños de subvenciones, dependientes de la publicidad institucional. Ya no son empresas periodísticas, son negocios quebrados mantenidos artificialmente por el Estado para sostener la narrativa oficial. Esto los coloca en una posición miserable: no pueden morder la mano que les da de comer. Y el ciudadano lo sabe. Percibe que detrás de cada portada, de cada silencio estratégico, hay un cheque público. Cuando esa percepción se instala, la reputación muere, porque la credibilidad está hipotecada.

Mientras tanto, los creadores digitales siguen creciendo. Lo que empezó como un *hobby* de unos pocos, hoy es un ecosistema consolidado. *Youtubers, podcasters, streamers*, periodistas independientes en Substack o Patreon. Ellos han heredado la confianza que los medios perdieron. No porque sean perfectos, sino porque son auténticos. Porque no tienen que responder a un partido ni a un ministerio, sino a su audiencia. Y esa relación directa, horizontal, es mucho más poderosa que la verticalidad de los medios tradicionales. Es el triunfo de la comunidad frente a la institución.

Los medios intentan desprestigiarlos llamándolos «desinformadores» o «peligrosos», pero la gente ya no compra ese discurso. ¿Cómo puede un medio que mintió descaradamente en la pandemia dar lecciones de veracidad? ¿Cómo puede RTVE, convertida en brazo propagandístico del Gobierno, acusar de manipulación a un *youtuber* que depende de las donaciones de su audiencia? La incoherencia es tan evidente que refuerza todavía más la desconfianza hacia ellos. Cada vez que atacan a un creador independiente, lo hacen más fuerte.

El pánico a la censura se ha convertido en la última carta de los medios y del poder político. Como ya no pueden competir en audiencia ni en credibilidad, buscan silenciar a los que les incomodan. Hablan de regular internet, de controlar las *fake news*, de «proteger la democracia» de los bulos. Todo disfrazado de buenas intenciones, pero en realidad es el miedo de quien ya no controla la narrativa. La censura es el grito desesperado del que sabe que perdió la reputación y no puede recuperarla. Y lo más patético es ver a periodistas, que deberían defender la libertad de expresión, pidiendo censura a gritos. Ese es el nivel de decadencia: se convierten en verdugos de la libertad que deberían proteger.

El panorama postpandemia muestra dos mundos separados. De un lado, los medios tradicionales, cada vez más irrelevantes, sostenidos artificialmente, mendigando dinero público, despreciados por la mayoría de la población. Del otro lado, un ecosistema digital vibrante, caótico pero libre, donde los ciudadanos confían más en voces independientes que en periódicos centenarios. Y ese cambio no tiene marcha atrás. La reputación perdida no se recupera porque no se trata de un error puntual, se trata de una traición sistemática.

El ciudadano aprendió que los medios no son árbitros, son jugadores. No son observadores, son militantes. No son guardianes de la democracia, son mercenarios de la narrativa. Y cuando entiendes eso, se rompe el hechizo para siempre. Puedes seguir viendo un telediario, pero lo ves con distancia, con escepticismo, sabiendo que detrás hay intereses. La confianza se acabó. Y sin confianza, los medios son solo ruido de fondo. Los medios cavaron su tumba con sus propias manos. Traicionaron la misión que los justificaba, vendieron su independencia, se arrodillaron ante el poder y despreciaron al ciudadano. Internet fue el juez que expuso sus miserias, y la pandemia fue la sentencia definitiva. Su reputación está muerta, y en su lugar nació un nuevo ecosistema informativo donde la confianza se construye de abajo hacia arriba, no de arriba hacia abajo. La historia no recordará a los medios como guardianes de la democracia, sino como cómplices de su degradación.

La censura en redes sociales

Vivimos en tiempos de algo de luz después de tanta oscuridad en este ámbito, pero hemos vivido tiempos realmente complicados. La compra de Elon Musk de Twitter fue un antes y un después, pero habíamos normalizado cierto nivel de censura hacia cualquier opinión de derechas que pudiera haber en redes sociales y esto es algo muy interesante de analizar porque, a pesar de ello, la derecha ganaba la narrativa en redes sociales.

Era la batalla de David contra Goliat. Grandes corporaciones controladas desde Gobiernos para censurar opiniones y perfiles en redes sociales y aún así no conseguían llevar todo a donde querían. Perder la cuenta en Twitter era algo habitual e incluso había usuarios de izquierda que en grupo se dedicaban a tumbar cuentas de perfiles conservadores y liberales.

Este nuevo poder digital no tardó en ser detectado por los viejos poderes. Y como todo poder, intentaron controlarlo. Aquí entran en escena las **big tech**: Google, Meta (Facebook, Instagram), YouTube, incluso Amazon. Empresas que nacieron como espacios de libertad, de creatividad, de anarquía digital, y que poco a poco fueron convirtiéndose en **guardianes ideológicos**.

Lo que empezó siendo el internet de la libertad se transformó en el internet de los baneos, los algoritmos opacos y la censura selectiva. Hoy no hace falta un ministerio de propaganda: basta con que un algoritmo decida que tu contenido no es apto, que tu vídeo no es monetizable o que tu cuenta ha sido suspendida por «discurso de odio». Y ya está: desapareces del mapa. El truco es que la censura ahora se disfraza de «política de comunidad». Ya no te dicen: «Estás censurado por motivos políticos». No. Te dicen: «Has violado nuestras normas». Pero esas normas siempre coinciden curiosamente con la agenda progresista. Critica a un Gobierno de derecha y tendrás millones de *likes*; critica a un Gobierno progresista y prepárate para el *shadowban*. Haz un chiste contra los conservadores y eres un valiente; hazlo contra los progres y es «discurso de odio».

La censura global funciona porque es invisible. No hay policías entrando en tu casa (a veces sí), hay algoritmos que reducen tu alcance. No te meten en la cárcel (a veces sí), te silencian digitalmente. Y lo más perverso: mucha gente ni siquiera se da cuenta. Creen que sus mensajes no llegan porque «no interesan», cuando en realidad un sistema diseñado en Silicon Valley decidió enterrarlos.

Las *big tech* se han convertido en el nuevo ministerio de la verdad global. Sin fronteras, sin parlamentos, sin rendición de cuentas. Empresas privadas, manejadas por un puñado de ejecutivos, con más poder sobre la opinión pública que todos los Gobiernos juntos. Y ese poder, como siempre, sirve a la misma causa: mantener vivo el consenso progresista.

Tiene muchísimo mérito haberlo conseguido aún teniéndolo todo en contra. La victoria de Trump puede parecer un soplo de aire fresco, pero en Europa tenemos un gran problema llamado Unión Europea.

Hay personas en España que siguen creyendo que la UE cuida de España, cuando únicamente la mantiene sometida convertida en el prostíbulo de los países europeos. Ya no es que te hayan desmantelado la industria, es que te quieren desmantelar también el campo.

La UE es un monstruo regulador y censor que aspira al máximo control de los ciudadanos europeos. Y fijaos que como concepto la UE podría haber sido maravillosa si se limitara a una unión económica estrictamente, pero siempre se aspiró al control político. El ataque a la soberanía de los países que ha ejercido la UE en los últimos años ha sido aterrador. Ejemplos como el de Hungría, Polonia y Rumanía nos lo demuestran. La UE no es lo que mucha gente cree, como ese hermano mayor responsable que controla a España. Entiendo que mucha gente lo crea, pero muchos de los males que padece España vienen precisamente de directivas europeas.

Y desde la UE con la pérdida del relato en torno a la inmigración está empezando a aplicar presión sobre las sedes europeas de muchas redes sociales para censurar lo que ellos han llamado como discurso de odio. Lo del discurso de odio es parecido a lo que hablaremos posteriormente con el término fascismo. Discurso de odio es todo aquello que no les guste a los burócratas de Bruselas y ya se encargarán de dictar normas *ad hoc* para las redes sociales para evitar que se les vaya la narrativa de las manos. Otra cosa no, pero legislar se les da de maravilla. Limitar, prohibir, regular y complejizar es para lo único que ha servido la UE en los últimos años.

Literalmente esta gente va a convertir Europa en un museo y además ya ni siquiera cuidan del museo, porque están convirtiendo las capitales europeas en estercoleros de inseguridad. Y esto se están esforzando muchísimo en ocultarlo en las redes sociales: el absoluto declive de muchas ciudades europeas. Declive propiciado por la inmigración masiva.

Cuando muchos señalamos las terribles consecuencias de la inmigración masiva, siempre viene a relucir el argumento de que muchos vienen a buscarse la vida o que los españoles también emigraron en su momento, pero esto no deja de ser otra burda manipulación buenista de la izquierda.

La inmigración en sí no es mala, la inmigración masiva y sin filtro sí que lo es. Y sí, hay una parte de los inmigrantes que están propiciando esta inseguridad en las calles y no me venga a comparar con los españoles que emigraban antaño. No creo que estos españoles se dedicaran a robar, violar y asesinar en los países que les recibían. Esta deshonestidad intelectual propiciada por el sectarismo ideológico de la izquierda con la inmigración está destruyendo la convivencia en Europa.

Exigir inmigración controlada, que aporte a nivel social y que no ejerza el crimen, no debería ser ningún tema polémico en una sociedad sana mentalmente. En qué momento unos descerebrados nos han hecho creer que deportar a aquellos que se dedican a ejercer el crimen en nuestro país es racista. En qué momento es racista no querer que vengan personas a ejercer el crimen en tu país.

Lo que perpetúa los estereotipos racistas es permitir que ciertos perfiles de inmigrantes delincan impunemente en las ciudades afectando con un estereotipo negativo a sus compatriotas que no delinquen. Ocultando este problema lo que se está haciendo es perjudicar a los inmigrantes honrados que van a ser metidos en el mismo saco que estos criminales. Europa necesita la mayor operación de deportación de inmigrantes de la historia y el que de verdad haya venido a aportar no debería tener nada que temer frente a esto.

Solo a alguien con hibristofilia le parecería bien mantener en tu país a extranjeros que delinquen.

¿Cómo puede ser que las de quiero volver sola y borracha a casa estén a favor de seguir importando masivamente y sin filtro a las nacionalidades que más están propiciando violaciones, robos y crímenes en Europa?

Vivimos en un mundo enfermo mentalmente y controlado por personas que viven en un absoluto delirio y que no son conscientes de que sus ideas son un peligro para sí mismas.

Luego tienes a deficientes mentales diciendo que más españoles delinquen en España que extranjeros. No, si te parece, retrasado mental, en un país en el cual la población inmigrante representa un 13 % de la población va a haber más inmigrantes que delincan que españoles. Es que eso ya sería para hacer unos Juegos Olímpicos del crimen con los países del Magreb. Porque tendría mérito de verdad.

Solo un indigente mental no entendería que el hecho de que el 14 % de la población cometa el 27 % de los crímenes es una absoluta barbaridad estadística. Que más de la mitad de los presos en Cataluña sean extranjeros es una barbaridad estadística. Y que el 75 % de los reclusos jóvenes de entre dieciocho y veintidós años en Cataluña sean marroquíes es una absoluta barbaridad. Que el 91 % de los condenados por violación en Cataluña sean extranjeros es una absoluta barbaridad estadística.

Y aún así hay gente queriendo hacer *gaslighting* respecto a este tema cuando todo el mundo sabe de dónde viene este problema y sabemos cómo atajarlo. Todo el mundo sabe de quién se cuida cuando sale por ciertas zonas en Barcelona. Pero hay gente que prefiere no parecer racista antes que tener unas calles seguras en su país.

El refranero español dice que a todo cerdo le llega su San Martín. Yo lo reversiono con que a toda feminista le llega su Mohamed. Porque muchas hasta que no les pega la realidad en la cara delante no ven la realidad más allá de su mundo de la pirueta. A esta gente le importan más los derechos de los criminales que los de la gente honrada. Pelean más por encubrir a criminales que por proteger a los suyos.

Y frente a este despropósito el reloj corre en su contra porque respecto a otro tipo de cuestiones pueden llegar a manipular porque el ciudadano no acaba viviendo día a día en su propia piel esta realidad, pero el problema de la inmigración masiva y de la inseguridad es algo ya imposible de ocultar.

Hay un consenso prácticamente generalizado respecto a este tema de las personas que no viven de este relato o que les toca manipular la realidad porque es su agenda política. El ciudadano es totalmente consciente de esta realidad porque la vive a diario y tú no puedes manipular lo que la gente vive cada día en las calles. Y es uno de los temas más sensibles que están utilizando para intentar censurar desde Bruselas. No gusta que se exponga las nefastas consecuencias de esta inmigración masiva y frente os aseguro que, aunque las redes sociales lo nieguen, sufren presiones para censurar cuentas que exponen esta realidad que se les ha ido de las manos.

Son conscientes de que esta realidad está aupando muchísimo a los partidos de la *alt-right* y que expone la hipocresía del consenso socialdemócrata que ha convertido un continente que era seguro en algo absolutamente irreconocible.

Y bajo la bandera del discurso de odio y de querer proteger a los menores os aseguro que van a intentar silenciar cualquier voz disidente al respecto. Si los burócratas de Bruselas pusieran el mismo empeño que ponen en ocultar las nefastas consecuencias de la inmigración masiva en proteger los intereses de los europeos, Europa volvería a ser grande de nuevo.

Y con esto me remito al día que tuve el honor de poder ir al Congreso de los Diputados a las Jornadas sobre Libertad de Expresión para citar una frase que dijo Manuel Mariscal Zabala: «Cuando al Gobierno solo le queda la censura y la persecución al disidente es que está asustado porque está cerca de perder el control y por lo tanto el poder».

Y es exactamente así: están desesperados por recuperar el control de la opinión pública. Opinión pública que han perdido con las redes sociales y que no consiguen recuperar. Tenemos que dar gracias a Dios por el nacimiento de internet y de las redes sociales; nos ha traído mucho mal, pero también nos ha dado una vía de escape al cártel informativo.

Imaginad aquellos tiempos en los que no teníamos la capacidad de encontrar toda esta información alternativa. Qué manipulables éramos, qué fácil tenían todo para moldear la realidad a su gusto. En el fondo entiendo su frustración, estaba todo bajo control. Era solo saber controlar al cártel informativo y tenerlo bien alimentado, pero ahora te llegan grupos de miles de personas a las cuales no puedes controlar y te pueden desmontar tu narrativa y exponer tu hipocresía. Es normal que estén tan hostiles. Y lo ocurrido en Reino Unido solo son los albores de lo que van a querer hacer. No van a permitir que esto se les vaya de las manos y os aseguro que cuando este libro esté en vuestras manos probablemente estemos viviendo el inicio de una ofensiva contra la libertad de los usuarios en las redes sociales. Porque odian la libertad de expresión y odian que las personas libremente puedan ejercer el periodismo ciudadano al margen de los grandes grupos mediáticos.

Obviamente desde la dirección de todas las redes sociales van a negar todo tipo de censura y se van a hacer los locos, pero os aseguro que van a moldear normas *ad hoc* para evitar que el relato se les vaya de las manos. Hay gente muy inocente que cree que cuando estas grandes corporaciones afirman no censurar están diciendo la verdad. ¿De verdad creéis que van a salir aquí a decir: «Sí, han venido unos señores de Bruselas a sugerirnos que cambiemos unas cuantas cosas porque si no vamos a tener problemas y efectivamente nos dedicamos a perseguir cuentas políticas disidentes»?

El consenso socialdemócrata tiene un problema y es un problema que se origina en internet y las redes sociales. Hay que entender que el mayor desafío político que han enfrentado en mucho tiempo no ha sido subvencionado ni tampoco promocionado desde el poder, ha sido un movimiento puramente orgánico y que ha venido desde la ciudadanía.

Ante el mayor delirio social que ha vivido el mundo con la era woke, la gente buscaba explicaciones en espacios de libertad en los que podía ver que no estaban solos. Hubo tiempos oscuros en los que el miedo gobernaba la sociedad y la población callaba ante el avance de una izquierda totalitaria que buscaba imponer su visión del mundo a la fuerza.

Hubo un tiempo en el que daba miedo hablar. En el que podías llegar a pensar que estabas solo y que tu opinión no era aceptable, pero internet permitió unir a estas personas que no tragaban con este delirio colectivo. Cada vez más personas alzaban la voz y lo que en un inicio empezó como un fenómeno aislado acabó creciendo tanto que ha acabado representando un desafío al *statu quo* mediático. Además, la hostilidad de la sociedad contra las opiniones disidentes creó una contracultura de rebeldía frente a esta izquierda censora que se dedicaba a hacer cazas de brujas ideológicas. Cazas de brujas que acabaron con el propio movimiento, ya que su naturaleza era excluyente de por sí. Es irónico que el movimiento de la diversidad excluyera al máximo número posible de personas señalándoles como enemigos ante cualquier discordancia con tal de quedar por encima moralmente de ellos. Así, poco a poco acabaron echando a la gente, llegando a un punto en el que ellos mismos acababan cancelándose entre ellos. Eran absolutamente inaguantables. Vivíamos una era en la que esta gente buscaba a la desesperada algo por lo que ofenderse o alguien a quien cortarle la cabeza y dar lecciones de lo malo que era y lo buenos que eran ellos.

Esto era absolutamente insostenible. Miremos desde los ojos de un chaval que está en el instituto y que le toca pasar todo este delirio perroflauta. Este chaval no quiere volver a saber de la izquierda en su vida. Ha experimentando el totalitarismo y la censura en el instituto con sus propios compañeros.

Las chicas de clase se han enfrentado a ellos. Ligar se ha convertido en un tormento y las relaciones cada vez son más inestables. Los profesores no les dejan opinar libremente y les obligan a hacer trabajos con fuerte sesgo ideológico. Les han obligado a comerse charlas infumables de charos para intentar adoctrinarlos. Y encontraron en internet un refugio a este infierno. Vieron que no estaban solos y que muchos pensaban igual que ellos. Que la mayoría de chavales estaban hartos de esta situación en los centros educativos. No puedes venderle a estos chavales el fantasma de la ultraderecha totalitaria cuando están viviendo ya un totalitarismo en el colegio.

Estos chavales no van a querer saber jamás de la izquierda en su vida: convirtieron su adolescencia y juventud en un infierno ideológico. En algo absolutamente insoportable. Imagina pasar toda tu edad escolar teniendo que repetir perroflautadas y siendo criminalizado por el hecho de ser hombre. Y luego sale al mercado laboral y se encuentra un país en la más absoluta ruina. Sale por la noche y palpa la inseguridad que hay en las calles. Le roban y siente miedo por la calle al salir a ciertas horas. No puede independizarse y no ve momento para tener un proyecto de vida y una familia porque el Gobierno saquea su trabajo y no le permite ahorrar. Además, mantienen la oferta de vivienda reprimida para así mantener los precios disparados y tener a la gente viviendo al día y sin capacidad de planificar un futuro.

Al final al Gobierno le conviene estos precios de la vivienda, recaudan más y pueden mantener a más población dependiente que no llega a final de mes. Esa crispación les da oxígeno para mostrarse como los salvadores frente a la población y darles migajas para que crean que les están ayudando.

Os aseguro que si quisieran de verdad acabar con el problema de la vivienda lo hacían en un año y medio. Ya sea desde el sector privado o desde el sector público. Inyecta oferta masivamente. Construir torres altas y con cojones. En año y medio has acabado con el problema de la vivienda. No te pido una gran partida presupuestaria. Dame los quinientos millones del Ministerio de Igualdad y me pongo a construir bloques como un absoluto degenerado. En año y medio acabas con el problema de la vivienda, pero hay gente que vive muy bien a costa de esta escasez de vivienda y este es el melón que hay que abrir.

Pero volviendo a los jóvenes, es imposible que le hagas creer a estos chavales que la izquierda es buena. Han vivido en sus carnes todas las perroflautadas habidas y por haber. Les han dejado un país decadente, sin moralidad, sin futuro y sumido en un delirio colectivo que solo alguien sin personalidad, valentía y criterio propio aceptaría.

Por mucho que les hables del fascismo y de Franco, el totalitarismo que ellos han vivido ha sido el de la izquierda en el colegio. No puedes vender a la izquierda con la bandera de la libertad cuando los chavales han sufrido en primera mano la imposición de la cultura woke en los colegios. No se lo creen, repudian a la izquierda y lo que representa.

Y cuantos más perroflautas metan en los colegios, más de derechas serán los chavales. La imposición de ideas nunca sale bien y más cuando son ideas de absolutos lunáticos.

Al final, la misma izquierda que dice luchar contra el fascismo ha mostrado ser mucho más autoritaria que el fascismo contra el que dice luchar. Hemos normalizado que con la excusa de luchar contra el fascismo quede justificada cualquier acción de la izquierda contra una parte de la población que cada vez es más mayoritaria.

Y os voy a desgranar la estrategia que aplica la izquierda con su surtido de calificativos que todos conocemos.

La izquierda se apalanca en el miedo a un fantasma autoritario llamado fascismo, el cual acabará con todos los derechos y libertades que ellos aseguran que se han conseguido gracias a ellos. Pero el término fascismo, según lo utiliza la izquierda, es la más absoluta nada. Es de significado fluido, como dirían los perroflautas, el fascismo para ellos puede ser absolutamente todo aquello que les desagrade y es transversal incluso en términos ideológicos. Fascista puede ser desde un liberal, un conservador y hasta un socialista que no comulgue con sus delirios progres.

La izquierda contemporánea ha encontrado en la palabra «fascismo» un comodín político de un valor incalculable para la propaganda. No hablamos ya de un término histórico con un significado preciso —una doctrina, un régimen, un conjunto de prácticas que marcaron a Europa en el siglo xx—, sino de un arma retórica maleable que sirve para cualquier circunstancia y contra cualquier adversario, sin tener ni un ápice de honestidad intelectual. El fascismo, tal y como lo usa la izquierda actualmente, no remite a Mussolini ni al corporativismo estatal, ni siquiera al nacionalismo extremo. No. El fascismo, en el lenguaje progresista, es simplemente todo aquello que contradiga sus dogmas o que amenace su monopolio cultural y político.

Esta es la primera gran manipulación: vaciar una palabra de su sentido histórico y llenarla de un significado instrumental útil para el presente. La izquierda ya no necesita que haya fascistas reales, basta con que exista un adjetivo que pueda ser aplicado como arma arrojadiza. Fascista puede ser el empresario que se niega a aceptar una regulación absurda, el padre de familia que critica la educación sexual en la escuela, el ciudadano que protesta contra impuestos abusivos o incluso el militante de izquierdas que se atreva a cuestionar la deriva totalitaria de su propio partido. Fascismo es un saco sin fondo en el que todo cabe, siempre que no sea conveniente para el discurso oficial.

El poder de este mecanismo es enorme. La palabra «fascista» se pronuncia con la misma carga emocional que un insulto que avergonzaría a cualquiera. No hace falta argumentar, no hace falta razonar ni debatir. Basta con pronunciar la etiqueta mágica y el debate queda clausurado. «Eres un fascista», y de inmediato la víctima queda reducida a un ser indigno de ser escuchado, a un enemigo de la sociedad, a alguien con quien no hay posibilidad de diálogo. Esa es la trampa: desactivar al adversario antes de que pueda siquiera expresarse.

Lo más irónico de todo es que, en su afán de usar la etiqueta contra cualquiera, la izquierda ha terminado por banalizar el propio concepto de fascismo. Es como el cuento de *Pedro y el lobo*. Lo que en el pasado fue un régimen real, con campos de concentración, censura estatal, militarismo y represión brutal, ahora se ha convertido en una especie de fantasma de quita y pon. Un fantasma que sirve para asustar a las masas, para alinear a los «borregos» en torno a la causa progresista y para justificar cualquier medida autoritaria con la excusa de «estar luchando contra el fascismo».

Lo repito: la palabra fascismo, tal y como la usa la izquierda, es la más absoluta nada. Y precisamente porque es nada, puede serlo todo. Es un significante vacío que ellos rellenan a conveniencia. Hoy es un partido conservador, mañana un periodista incómodo, pasado un humorista que hace un chiste equivocado, y la semana siguiente un ciudadano cualquiera que decide llevar la contraria en redes sociales. El fascismo se ha convertido en un cajón de sastre, pero sobre todo en una coartada: la coartada perfecta para criminalizar a la oposición.

El mecanismo es claro y profundamente perverso: primero se etiqueta, luego se deshumaniza y finalmente se actúa con impunidad. Nadie se atreverá a defender a un «fascista», aunque ese fascista sea un moderado, un liberal clásico o incluso un socialdemócrata que ha osado discrepar. La fuerza del término está en su capacidad de aislar. La izquierda lo sabe y lo explota hasta la saciedad, consciente de que no le interesa el diálogo cuando los resultados de tus políticas te dan una realidad que no te gusta y sobre la que no te gusta debatir.

En realidad, lo que tenemos frente a nosotros no es un combate contra el fascismo, sino una guerra de significados. La izquierda ha entendido que el lenguaje es poder, y que dominar las palabras es dominar la realidad. Si ellos deciden qué significa fascismo, ellos deciden quién merece protección y quién merece persecución. Si ellos controlan el significado de las palabras, controlan la moral pública. Y si controlan la moral pública, tienen carta blanca para imponer su visión del mundo.

El problema, y aquí reside la gravedad, es que esta manipulación lingüística no se queda en lo abstracto. No es una discusión académica. Tiene consecuencias directas y terribles. Gente que piensa diferente pierde su trabajo, es cancelada en redes sociales, es demonizada en los medios, y en casos extremos —como el que ya hemos visto— incluso pierde la vida. La palabra «fascista» se convierte en una sentencia de culpabilidad sin juicio, y en algunos casos en una licencia para matar.

Fascismo es todo aquello que a la izquierda no le guste. Fascismo era el PP en su momento, Ciudadanos posteriormente y ahora lo es Vox. Fascismo es todo aquello que a la izquierda le discuta la autoridad y bajo la premisa de «al fascismo no se le discute, al fascismo se le destruye»; aplican una deshumanización del individuo al cual califican de fascista para así poder actuar con total impunidad contra la oposición y hacer que el fin justifique los medios. Porque el que tú seas lo que la izquierda califica como fascista a ellos les da barra libre para ejecutar cualquier barbaridad contra ti. Porque luchan por un fin mayor: el evitar que el fascismo tome el poder. Y os aseguro que en la borregada esto cala y mucho. Serían capaces de aceptar un régimen autoritario de izquierdas con tal de evitar que gobierne la ultraderecha.

Si el vaciamiento del término «fascismo» es la primera jugada de la izquierda, la segunda —igual de calculada— es el uso sistemático del miedo. Porque un concepto vacío, por sí solo, no tendría fuerza suficiente si no se le acompañara de un ingrediente emocional. Y ese ingrediente es el temor a perder todo aquello que la izquierda asegura haber conquistado: derechos, libertades, dignidad e incluso la propia vida.

El miedo es la emoción política más poderosa que existe. Mucho más que la esperanza, mucho más que la indignación, mucho más que la ilusión. El miedo tiene la capacidad de paralizar, de cegar, de movilizar, de convertir a ciudadanos libres en masas obedientes. Y la izquierda lo sabe. Por eso, su discurso contra el «fascismo» nunca se limita a la etiqueta. Va siempre acompañado de la profecía apocalíptica: si estos «fascistas» llegan al poder, volveremos a la Edad Media, desaparecerán los derechos de las mujeres, se perseguirá a los homosexuales, los inmigrantes serán expulsados y perseguidos, la cultura será censurada y la sociedad retrocederá décadas.

El relato es siempre el mismo: nosotros, los autoproclamados progresistas, somos el muro que os protege del desastre. Sin nosotros, el fascismo arrasará con todo lo conquistado. La estrategia es brillante en su simplicidad: generar un enemigo invisible, exagerar su poder y presentarse a sí mismos como la única defensa posible. Así, logran no solo la fidelidad de sus votantes, sino también la sumisión moral de gran parte de la sociedad que, aunque no comulgue del todo con la izquierda, teme quedar fuera de ese muro protector.

Lo que hace aún más perverso este mecanismo es que no necesita pruebas. Nadie exige evidencias de que tal o cual partido quiera implantar un régimen fascista. Nadie se molesta en contrastar si esas advertencias tienen base real o si los llamados fascistas de verdad lo son. Basta con repetir el mantra suficiente número de veces hasta que cale en la opinión pública. El miedo no necesita argumentos, necesita propaganda, necesita consignas, necesita emociones. Y ahí es donde la izquierda despliega su artillería mediática.

La televisión, los periódicos, las redes sociales, todos se convierten en altavoces de esa profecía: cuidado, que viene el fascismo. Y lo repiten con tanta insistencia que al final se convierte en un temor real. No importa que el partido señalado defienda principios democráticos, que respete las elecciones o abogue por medidas que resten poder al Estado. Si la izquierda ha decidido que son «fascistas», entonces son una amenaza existencial. Y frente a una amenaza existencial, cualquier medio de defensa está justificado.

Aquí está la clave: el miedo no solo somete, también justifica. Si se convence a la gente de que el fascismo acecha, entonces cualquier acto de censura, persecución, violencia o manipulación mediática puede presentarse como un «mal necesario». El miedo convierte al ciudadano en cómplice de su propia opresión. Acepta que se restrinjan libertades con tal de estar «protegido» de un mal mayor. Acepta la censura de libros, actos públicos, de opiniones, de manifestaciones, porque cree que esas libertades podrían ser utilizadas por «fascistas» para imponer su dictadura. Acepta incluso la criminalización de personas concretas, porque, si no, el «monstruo» podría crecer.

El ejemplo es claro: cuando se señala a un adversario político como fascista, se abre la puerta a su deshumanización. Y cuando se deshumaniza, se puede hacer lo que sea con él. No solo insultarle o cancelarle: también agredirle, perseguirle, encarcelarle, o incluso aplaudir su muerte. Y todo ello con la tranquilidad moral de quien cree estar salvando a la humanidad de un peligro inminente.

Pero el gran truco está en que ese peligro nunca llega. El fascismo, tal y como lo pintan, no aparece, no se materializa. Porque no existe. Pero el ciudadano, aterrorizado, no se detiene a reflexionar sobre esa ausencia. Vive atrapado en la ilusión de que siempre está «a punto de llegar». Es como la religión del miedo: siempre en espera del apocalipsis, siempre a la defensiva, siempre dispuesto a entregar más poder a los guardianes de la fe para que lo protejan.

Este mecanismo tiene dos efectos devastadores: primero, convierte a la izquierda en la autoridad moral incuestionable; segundo, destruye cualquier posibilidad de debate político real. ¿Cómo se va a debatir con alguien que está convencido de que tu mera existencia amenaza sus derechos más básicos? ¿Cómo dialogar con quien cree que eres un monstruo disfrazado de ciudadano? El miedo no solo elimina la razón, también elimina el diálogo. Y cuando se elimina el diálogo, lo único que queda es la imposición.

Así es como, bajo la máscara del antifascismo, se construye un sistema autoritario. Un sistema en el que el miedo reemplaza a la convicción y la obediencia sustituye al pensamiento crítico. Un sistema en el que la disidencia no es una opinión legítima, sino una amenaza que debe ser destruida.

El fascismo que agitan como espantajo no es más que una estrategia psicológica. Es el lobo que nunca aparece, pero cuya sombra sirve para mantener al rebaño unido y dócil. Y en ese rebaño, cualquier voz que intente advertir de la manipulación será señalada como «traidora» o, por supuesto, como «fascista». El círculo se cierra. El miedo ha cumplido su función.

La etiqueta de «fascista» no es inocente. No es simplemente un insulto más en la arena política. Es un mecanismo calculado para llevar a cabo algo mucho más peligroso: la deshumanización del adversario. Porque una vez que logras convencer a la sociedad de que tu oponente no es una persona con derechos, sino un monstruo ideológico, cualquier ataque contra él deja de ser visto como un abuso y pasa a considerarse un acto de justicia.

Esto lo entendieron muy bien los regímenes totalitarios del siglo XX. Antes de perseguir a los judíos, los nazis los convirtieron en ratas, en plaga, en amenaza biológica. Antes de eliminar a los kulaks, los soviéticos los pintaron como parásitos de la revolución, como enemigos del pueblo. La mecánica siempre es la misma: si despojas al otro de su humanidad, ya no tienes que tratarlo como igual, sino como un obstáculo que debe ser removido.

Hoy la izquierda reproduce exactamente la misma táctica, aunque revestida de progresismo. «Fascista» es el término que les permite convertir al disidente en alguien indigno de compasión, alguien que no merece derechos, alguien contra quien todo vale. Es un proceso psicológico y social: primero señalas, luego aíslas, después demonizas y finalmente atacas. Y lo más grave: todo esto ocurre con la complicidad pasiva de quienes, aunque no odien personalmente al «fascista», aceptan en silencio su exclusión porque creen que así se defienden a sí mismos del supuesto peligro.

Lo vimos con el caso de Charlie Kirk, cuyo asesinato se justificó abiertamente en determinados círculos mediáticos y políticos. No fue un accidente aislado: fue la consecuencia lógica de un discurso que llevaba años sembrando la idea de que personas como él no son simplemente rivales ideológicos, sino amenazas existenciales. Y cuando alguien es percibido como una amenaza existencial, su eliminación deja de ser un crimen y se convierte en un «acto preventivo». Eso es lo aterrador.

La deshumanización es tan efectiva porque no solo afecta a los militantes fanatizados, sino también al ciudadano corriente. Muchos que jamás se atreverían a insultar directamente a un adversario político terminan aceptando sin cuestionar que se le niegue un espacio en los medios, que se le boicotee en redes sociales, que se le despida de su trabajo o incluso que se celebre su desgracia. Se convencen a sí mismos de que no están atacando a una persona, sino combatiendo una «ideología peligrosa». Pero aquí está el detalle que se oculta: detrás de cada etiqueta hay seres humanos de carne y hueso. Detrás del «fascista» que quieren borrar de la vida pública hay padres, madres, hijos, profesionales, vecinos. Personas que, en muchos casos, solo han cometido el «delito» de no aplaudir el catecismo progresista.

La deshumanización también se alimenta de la repetición. A fuerza de escuchar en televisión, en redes sociales, en tertulias, que tal partido es fascista, que tal líder es fascista, que tal idea es fascista, la palabra pierde su carácter excepcional y se convierte en parte del paisaje. Y cuando algo se convierte en parte del paisaje, deja de escandalizar. La gente ya no se pregunta si es verdad, simplemente lo asume como un hecho. Y una vez asumido, las consecuencias se vuelven naturales: «Si es fascista, entonces es normal que se le ataque».

Este proceso tiene un efecto devastador en la convivencia democrática. Porque cuando uno de los bandos ya no considera al otro como legítimo, desaparece la posibilidad de alternancia pacífica en el poder. ¿Cómo vas a aceptar que un «fascista» gobierne aunque gane las elecciones? No puedes. ¿Cómo vas a tolerar que tenga voz en los medios? Es impensable.

¿Cómo vas a permitir que dé una conferencia en una universidad? Sería darle espacio al mal absoluto. Y así, poco a poco, se construye un sistema en el que solo hay una opción legítima: la de la izquierda. Todo lo demás queda fuera del marco de lo tolerable.

Lo más siniestro de todo es que, al aplicar esta táctica, la izquierda no solo neutraliza a la oposición, sino que también lanza un mensaje disciplinador a los tibios y a los indecisos. La lógica es sencilla: «Si te atreves a cuestionarnos, si te atreves a discrepar, terminarás en el mismo saco que los fascistas». De esa forma, no solo atacan a sus rivales, sino que generan miedo entre quienes podrían apoyar tímidamente una alternativa. Es un aviso preventivo: cuidado con lo que piensas, cuidado con lo que dices, porque el precio de disentir es que te conviertan en un paria social.

Y no nos engañemos: la deshumanización no se queda en el terreno simbólico. A veces se traduce en violencia física, como hemos visto. Pero incluso cuando no llega a ese extremo, destruye vidas de manera silenciosa. Personas que pierden su empleo porque alguien las señaló de fascistas. Estudiantes que son acosados en la universidad por no repetir el dogma progresista. Profesores que son marginados por no adaptarse al guion. Artistas que son cancelados por una opinión políticamente incorrecta. La violencia no siempre necesita balas: a veces basta con el látigo de la difamación y la censura. Cuando aceptamos que alguien puede ser reducido al estatus de «fascista» sin derecho a réplica, hemos abierto la puerta a un sistema en el que la dignidad humana ya no es universal, sino selectiva. Y un sistema así no es democrático, es autoritario. La paradoja es brutal: en nombre del antifascismo, la izquierda reproduce los mismos mecanismos que usaron los regímenes más oscuros de la historia.

Si la izquierda tiene el arma del lenguaje y la estrategia del miedo, su gran altavoz son los medios de comunicación. Sin ellos, el discurso quedaría limitado a círculos ideológicos, a debates de partido, a tertulias universitarias. Pero, con ellos, la etiqueta de «fascista» puede repetirse hasta el infinito, puede instalarse en el imaginario colectivo y convertirse en verdad social.

Aquí es donde aparece la complicidad mediática. Y digo complicidad porque no se trata de un error inocente ni de una simple inclinación ideológica: es una alianza consciente. Los grandes medios de comunicación han decidido hace tiempo que su función no es informar, sino moldear a la opinión pública. No se conciben a sí mismos como narradores de la realidad, sino como guardianes de la moral. Y, como guardianes, se arrogan el derecho a decidir qué se puede decir, qué se puede callar, cómo se deben decir las cosas, qué merece indignación y qué merece aplauso.

En ese rol, los medios se convierten en ejecutores de la estrategia de la izquierda. Son ellos quienes repiten sin descanso la etiqueta mágica. Son ellos quienes construyen el relato del miedo, quienes pintan escenarios apocalípticos cada vez que un partido no alineado con el progresismo sube en las encuestas. Son ellos quienes amplifican cualquier error de la oposición y silencian cualquier abuso del poder progresista. Y lo hacen con una disciplina que nada tiene que envidiar a los aparatos propagandísticos de regímenes autoritarios.

La trampa es aún más grande porque muchos de esos medios no se presentan abiertamente como de izquierda. Algunos se disfrazan de neutrales; otros incluso de conservadores moderados. Pero todos cumplen la misma función: mantener el marco de la izquierda intacto. A esa farsa la podemos llamar pseudoderecha mediática. Son medios que simulan ser una alternativa, que critican aspectos superficiales del progresismo, pero que en lo esencial repiten los mismos mantras. ¿El resultado? Que el espectador medio cree estar recibiendo pluralidad, cuando en realidad lo único que recibe son matices de un mismo discurso.

Un ejemplo claro: cuando la izquierda señala a un partido como fascista, los medios progresistas lo repiten al unísono. Y los supuestos medios de «derecha moderada» no se atreven a desmentirlo; al contrario, terminan aceptando parte del marco: «Bueno, quizá no sean fascistas, pero sí tienen un discurso de extrema derecha o de ultraderecha». Así, sin darse cuenta, legitiman la etiqueta. Nunca la combaten de raíz. Nunca dicen lo obvio: que fascismo es un concepto histórico preciso y que usarlo como insulto vacío es una manipulación. No. Prefieren contemporizar, suavizar, matizar. Y al hacerlo, refuerzan la narrativa progresista.

La complicidad mediática también se manifiesta en los silencios. Porque no todo se dice a gritos: a veces el mayor acto de propaganda es callar. ¿Cuántos casos de corrupción de la izquierda han quedado enterrados porque los medios decidieron no darles la suficiente cobertura? ¿Cuántas agresiones a políticos conservadores apenas ocuparon un par de líneas en las noticias, mientras que cualquier insulto contra un dirigente progresista se convierte en titular durante semanas? El sesgo no está solo en lo que se publica, sino en lo que se oculta deliberadamente.

Y no olvidemos el poder de las imágenes. Un titular puede dar forma a una opinión, pero una fotografía o un vídeo repetido hasta la saciedad puede incrustarse en la mente de millones de personas. Los medios lo saben y lo explotan. Si una manifestación conservadora reúne a miles de personas pacíficas, la cámara buscará justo al exaltado que grita más fuerte para presentarlo como «el verdadero rostro» de esa concentración. E incluso, aunque no encuentren al exaltado, calificarán a todos los manifestantes de ultras. Si una protesta progresista acaba en violencia, justificarán esa violencia por un bien mayor. La realidad se deforma hasta convertirse en caricatura.

Todo esto se adereza con tertulias cuidadosamente seleccionadas, donde los supuestos «debates» no son más que un coro de voces que piensan lo mismo con ligeros matices. El espectador cree estar presenciando pluralidad, pero en realidad asiste a un teatro en el que la conclusión está decidida de antemano: el peligro está en la derecha, el fascismo acecha, la izquierda es la única defensa posible.

¿Y qué ocurre con quienes intentan romper este cerco mediático? Son atacados con la misma lógica de deshumanización que mencionábamos antes. El periodista que no repite el catecismo es acusado de radical, de peligroso, de «altavoz del fascismo». Los pocos medios alternativos que se atreven a dar voz a la disidencia son perseguidos judicialmente, asfixiados económicamente o boicoteados en redes sociales. La pluralidad real se convierte en una rareza, en un acto casi heroico.

La complicidad mediática tiene un efecto devastador en la sociedad: convierte a la mentira en sentido común. Cuando un ciudadano escucha en todas partes que un partido es fascista, que una idea es peligrosa, que una persona es un monstruo, termina por creerlo. No porque haya pruebas, sino porque la repetición crea realidad. El ciudadano medio, ocupado en su vida diaria, no tiene tiempo para investigar, para contrastar, para analizar. Confía en lo que dicen los medios. Y si todos los medios dicen lo mismo, ¿quién se atreve a dudar?

Así, el círculo se cierra. La izquierda fabrica el discurso, los medios lo amplifican y la sociedad lo interioriza. La oposición queda marcada, la disidencia se silencia, el miedo se instala. Y todo ello con una apariencia de democracia, con periódicos, con debates, con entrevistas. Una democracia vacía, una democracia de escaparate, donde las reglas formales se respetan, pero el juego está manipulado desde dentro.

La gran paradoja es que estos mismos medios, que se presentan como defensores de la libertad de prensa y de la pluralidad, son en realidad los principales responsables de que esa pluralidad esté muriendo. Se han convertido en los guardianes del pensamiento único, en los jueces que deciden quién puede hablar y quién debe ser cancelado. Y lo hacen con la complicidad de una audiencia que, muchas veces sin darse cuenta, ha renunciado a la verdad a cambio de comodidad.

La izquierda se presenta ante la sociedad como la gran defensora de las libertades, como la garante de los derechos civiles, como el muro que protege a los ciudadanos de cualquier deriva autoritaria. Ese es su relato oficial, repetido una y otra vez en mítines, tertulias y portadas de periódico. Pero la realidad demuestra todo lo contrario: en nombre de ese antifascismo imaginario, la izquierda es hoy el bloque político más autoritario de Occidente.

Aquí está la paradoja: quienes más hablan de libertad son quienes más se dedican a restringirla. Quienes se erigen en paladines de la diversidad son quienes imponen un pensamiento único.

Quienes se dicen antifascistas son quienes han adoptado las mismas prácticas de persecución, censura y control social que ellos mismos condenan en sus discursos. La izquierda es un régimen autoritario disfrazado de antifascismo.

Pongamos ejemplos. Cuando una red social decide censurar un mensaje o bloquear la cuenta de un disidente ideológico, ¿quién aplaude la medida? La izquierda. Cuando un conferenciante conservador es expulsado de una universidad porque un grupo de radicales decide que sus ideas son peligrosas, ¿quién lo justifica? La izquierda. Cuando un periodista crítico es despedido porque no repite el catecismo progresista, ¿quién celebra su caída? La izquierda. Siempre la misma cantinela: «No es censura, es proteger la democracia del fascismo».

Pero ¿qué clase de democracia necesita censurar a quienes piensan diferente? ¿Qué clase de libertad se construye prohibiendo la palabra al adversario? La respuesta es obvia: ninguna. Lo que tenemos delante no es defensa de la democracia, sino un sistema autoritario que utiliza la excusa del antifascismo para blindar su propio poder.

El progresismo actual funciona como una especie de inquisición moderna. No hay hogueras, pero sí linchamientos mediáticos. No hay cárceles masivas para disidentes, pero sí cancelaciones sociales que destruyen carreras y reputaciones. No hay leyes de censura explícitas, pero sí códigos de conducta, algoritmos y normativas ambiguas que cumplen exactamente la misma función: callar a quien se atreva a desafiar al dogma.

La paradoja se vuelve aún más evidente cuando vemos cómo reaccionan ante la oposición política. Cuando gobierna la izquierda, cualquier crítica es tachada de «ataque a la democracia». Pero cuando gobierna la derecha, la izquierda se otorga a sí misma el derecho a la insurrección permanente, a la protesta violenta, al boicot institucional. ¿Dónde queda entonces el respeto a las reglas democráticas? Para ellos, solo valen si les favorecen. Si pierden, el sistema está en peligro. Si ganan, el sistema es perfecto.

Lo autoritario de esta actitud no es solo la contradicción, sino la voluntad de imponer un marco en el que la izquierda siempre tenga razón. Si gobierna, es legítima. Si pierde, es víctima. Si critica, es libertad de expresión. Si recibe críticas, es discurso de odio. Una lógica cerrada en la que la izquierda siempre ocupa la posición moral superior, mientras reduce al adversario a un enemigo ilegítimo.

Y el ciudadano corriente, atrapado en esta dinámica, termina por aceptar limitaciones a su libertad que jamás habría tolerado si vinieran de otro signo político. Porque la clave está en la excusa: «Todo esto es para frenar al fascismo». Es la justificación que lo cubre todo. Censura, persecución, control social, adoctrinamiento educativo, manipulación mediática…: todo puede justificarse si se presenta como un muro contra la ultraderecha.

Esto es lo que convierte a la izquierda en un poder peligrosamente autoritario: no solo restringe libertades, sino que lo hace con el aplauso de quienes deberían defenderlas. Porque la trampa está bien montada. No dicen «queremos callar al disidente», dicen «queremos protegerte de los fascistas». No dicen «queremos imponer un pensamiento único», dicen «queremos garantizar la convivencia». No dicen «queremos controlar los medios», dicen «queremos frenar la desinformación». El maquillaje es perfecto, pero, debajo de la máscara, el rostro es totalitario.

La paradoja también se manifiesta en el terreno internacional. La izquierda se rasga las vestiduras criticando cualquier atisbo de autoritarismo cuando proviene de Gobiernos de derecha. Pero guarda un silencio cómplice o incluso muestra admiración cuando el autoritarismo viene de regímenes afines a su ideología. Dictaduras comunistas, populismos hispanoamericanos, Gobiernos que restringen libertades bajo banderas progresistas: todos ellos son blanqueados, minimizados o directamente defendidos. Porque, en el fondo, lo que la izquierda valora no es la libertad, sino la afinidad ideológica.

De ahí que sea tan importante desenmascarar esta paradoja. No se trata de un debate académico ni de un simple cruce de insultos. Se trata de la salud de nuestras democracias. Porque si la izquierda consigue consolidar su relato, acabaremos viviendo en un sistema donde las libertades solo existen sobre el papel, donde la pluralidad es una farsa y donde disentir se convierte en un delito moral. Un sistema donde la palabra «fascismo» es la excusa perfecta para imponer un régimen autoritario bajo apariencia democrática.

La paradoja autoritaria de la izquierda no es un accidente, es un plan. Y mientras no seamos capaces de verlo y denunciarlo, seguiremos avanzando hacia un modelo en el que el antifascismo sea el nuevo totalitarismo.

Hasta aquí hemos analizado los mecanismos: la manipulación del lenguaje, el uso del miedo, la deshumanización y la complicidad mediática. Ahora toca observar lo más importante: las consecuencias que todo esto tiene sobre la sociedad y la política. Porque lo que parece un simple juego de etiquetas y propaganda acaba transformando la forma en la que los ciudadanos viven, piensan y se relacionan entre sí.

La primera consecuencia es la erosión de la democracia real. No hablamos de democracia formal, porque las urnas siguen existiendo, los parlamentos siguen funcionando y los partidos siguen presentándose a elecciones. El problema es que las reglas ya no se juegan en igualdad de condiciones. Si un partido es señalado como «fascista» antes siquiera de abrir la boca, ya parte con una desventaja imposible de remontar. No importa lo que proponga, no importa lo que defienda: la etiqueta lo persigue como una sombra. El votante medio, saturado de mensajes apocalípticos, se lo piensa dos veces antes de apoyarlo, porque teme ser estigmatizado a su vez. Así, el sistema democrático se convierte en un teatro donde solo una parte juega con ventaja.

La segunda consecuencia es la creación de una sociedad dividida en buenos y malos, en ciudadanos de primera y ciudadanos de segunda. Los primeros son los que repiten el catecismo progresista, los que se alinean con la causa oficial, los que aplauden las consignas del día. Los segundos son los sospechosos, los que discrepan, los que cuestionan, los que votan «mal». Y en esta división no hay neutralidad posible: si no aplaudes, eres cómplice del fascismo. El resultado es una sociedad rota, en la que la convivencia se sustituye por la sospecha permanente.

La tercera consecuencia es la autocensura. Millones de personas callan lo que piensan en público por miedo a ser señaladas. No discuten en la oficina, no opinan en redes sociales, no levantan la voz en clase, no debaten en familia. Se guardan sus ideas porque saben que basta una palabra mal interpretada para ser marcados. Y una sociedad donde los ciudadanos tienen miedo a expresarse ya no es libre, aunque las leyes digan lo contrario. El silencio impuesto por el miedo es el mejor aliado de los autoritarios.

La cuarta consecuencia es la normalización de la violencia política. No se trata solo de los casos extremos, como el asesinato de Charlie Kirk, sino también de las agresiones, los escraches, los boicots, los linchamientos digitales. Todo esto empieza a percibirse como normal, como parte del juego. «Claro, ¿qué esperabas si era fascista?», se escucha. Ese «claro» es la prueba de que la violencia ya no escandaliza, porque se ha convertido en una respuesta aceptable contra el disidente. Y cuando la violencia política se normaliza, el terreno de la democracia se convierte en un campo minado.

La quinta consecuencia es la fabricación de masas obedientes. Cuando el miedo al fascismo se convierte en religión, los ciudadanos dejan de razonar y empiezan a obedecer. Votan lo que se les dice que voten, apoyan lo que se les dice que apoyen, odian a quien se les dice que odien. La izquierda consigue lo que siempre ha buscado: convertir al individuo en rebaño. Porque un ciudadano libre es impredecible, pero un ciudadano atemorizado es perfectamente manipulable.

La sexta consecuencia es la pérdida de confianza en las instituciones y su degradación. Porque cuando se percibe que los jueces, los parlamentos, los medios y hasta las universidades repiten el mismo discurso y están controlados por el poder político, el ciudadano crítico entiende que el sistema está amañado. Y cuando la gente deja de confiar en las instituciones, la democracia se tambalea. Porque la separación de poderes es una ilusión al servicio de los políticos. Ese es el gran peligro: no solo que la izquierda concentre poder, sino que destruya la legitimidad del sistema que dice defender y lo erosione para utilizarlo como arma contra los ciudadanos y la oposición.

La séptima consecuencia es la radicalización silenciosa. Cuando un sector de la población se siente permanentemente marginado, insultado, perseguido, tarde o temprano estalla. No todos reaccionan con violencia, pero muchos sí lo hacen con resentimiento y rabia. Esa rabia, si no encuentra cauces democráticos, puede desembocar en movimientos extremos. Es irónico: al llamar fascista a todo el mundo, la izquierda puede terminar fabricando el verdadero fascismo que dice combatir. A veces incluso alguno se plantea si es su verdadero propósito para así justificar una mayor opresión.

La octava consecuencia es la destrucción del debate público. En una sociedad sana, las ideas se confrontan con argumentos, se contrastan, se discuten. Pero en el marco progresista, el debate está muerto antes de empezar. No hay discusión posible con un «fascista», no hay argumentos que valgan frente a una amenaza existencial. El resultado es un monólogo constante, un pensamiento único en el que solo se escuchan variaciones del mismo discurso. Y una democracia sin debate es una democracia vacía.

Por último, la consecuencia más peligrosa: la pérdida progresiva de libertades individuales. Hoy es un conferenciante vetado en una universidad, mañana un periodista despedido, pasado un ciudadano sancionado por un comentario en redes sociales. Cada paso parece pequeño, cada restricción parece justificada. Pero cuando miramos hacia atrás, descubrimos que hemos aceptado vivir en un sistema donde ya no se puede hablar libremente, donde ya no se puede discrepar, donde ya no se puede vivir sin miedo a la etiqueta de «fascista». Ese es el destino al que nos empuja la estrategia de la izquierda.

Y lo más inquietante es que todo esto ocurre con el consentimiento de gran parte de la población. No porque sean malvados, sino porque han sido manipulados para creer que este sacrificio de libertades es un mal menor, un precio necesario para evitar el regreso de un fascismo que nunca llega. La gente no ve que el verdadero peligro no está en ese fantasma, sino en quienes lo agitan para gobernar sin límites.

Lo que hemos visto hasta aquí no es una exageración ni una fantasía conspirativa. Es la realidad que vivimos día a día, disfrazada bajo el relato oficial de la izquierda. Una realidad en la que el fascismo se usa como comodín, en la que la violencia se normaliza, en la que la democracia se vacía de contenido y en la que millones de ciudadanos viven con miedo a decir lo que piensan.

La izquierda ha aprendido a perfeccionar un mecanismo tan simple como devastador: primero inventa un enemigo invisible, luego etiqueta a cualquiera que le incomode con el nombre de ese enemigo, después lo deshumaniza y finalmente lo elimina de la vida pública. Y lo más grave es que lo hace siempre con el aplauso de una parte importante de la sociedad, convencida de que está «luchando por el bien común».

Nadie está a salvo de esta maquinaria. Hoy el señalado puede ser un político conservador, mañana un periodista incómodo, pasado un ciudadano cualquiera que se atreva a expresar en redes sociales una opinión políticamente incorrecta. Nadie puede creerse inmune, porque la lógica del totalitarismo es expansiva: siempre necesita nuevos enemigos para justificar su existencia.

La historia ya nos ha enseñado a dónde llevan estas dinámicas. Cuando se normaliza la persecución, cuando se aceptan las censuras, cuando se tolera la violencia contra el adversario político, el final siempre es el mismo: una sociedad rota, un régimen autoritario y una libertad convertida en eslogan vacío. El problema es que esta vez el totalitarismo no llega con uniforme militar ni con marchas sobre capitales; llega disfrazado de justicia social, de lucha contra la discriminación, de defensa de los derechos humanos. Es un totalitarismo amable en las formas, pero brutal en el fondo.

Y aquí es donde todos debemos abrir los ojos. La verdadera defensa de la libertad no pasa por aceptar sin crítica el relato de la izquierda, sino por desenmascararlo. Pasa por recordar que el fascismo real fue un régimen concreto, no un insulto multiusos. Pasa por defender el derecho de todos a expresarse, incluso —y sobre todo— de aquellos con los que no coincidimos. Pasa por rechazar la violencia venga de donde venga, aunque se disfrace de «lucha contra el fascismo».

La advertencia es también un llamado a la responsabilidad ciudadana. Porque la izquierda podrá manipular, podrá controlar los medios, podrá imponer etiquetas, pero su estrategia solo triunfa si la gente la compra. Y la gente la compra por miedo, por comodidad o por ignorancia. Es ahí donde hay que dar la batalla: en la conciencia de cada ciudadano que se niegue a aceptar el papel de oveja dentro del rebaño.

No podemos permitir que nos sigan robando el lenguaje, que nos sigan robando las palabras, que nos sigan robando la dignidad de discrepar. No podemos aceptar que la defensa de la libertad quede reducida a una caricatura. No podemos tolerar que se nos obligue a elegir entre la obediencia ciega al progresismo o el estigma de ser «fascistas». Porque ese falso dilema es precisamente la trampa que sostiene todo este andamiaje de manipulación.

La libertad nunca ha sido un regalo ni un derecho garantizado de una vez por todas. Siempre ha sido una conquista frágil, que necesita ser defendida día tras día contra quienes buscan arrebatarla. Y hoy, los que intentan arrebatarla no se llaman fascistas, se llaman progresistas. Se disfrazan de demócratas, pero actúan como inquisidores. Se presentan como defensores de derechos, pero se comportan como carceleros.

El futuro dependerá de que tengamos el valor de decir lo obvio, aunque cueste. Dependerá de que haya voces dispuestas a desafiar el relato dominante aunque eso suponga insultos, ataques o cancelaciones. Dependerá de que no aceptemos vivir bajo el chantaje del miedo. Porque si cedemos, si callamos, si obedecemos, el totalitarismo progresista habrá ganado sin necesidad de dar un golpe de Estado: lo habrá hecho con nuestro consentimiento.

La advertencia, en definitiva, es simple: no nos matan por ser fascistas, nos llaman fascistas para matarnos. No nos persiguen porque representemos un peligro real, sino porque necesitan fabricar un enemigo para justificar su poder. Y mientras aceptemos ese juego, mientras consintamos esa mentira, estaremos colaborando en nuestra propia opresión.

El camino de salida es difícil, pero no imposible. Empieza con recuperar el valor de la palabra, con devolver a los términos su significado real, con negarnos a aceptar el chantaje del miedo. Empieza con algo tan simple —y tan revolucionario— como atrevernos a decir en voz alta lo que pensamos. Porque un ciudadano libre que habla sin miedo vale más que mil propagandistas repitiendo consignas. Y porque la libertad, una vez perdida, es casi imposible de recuperar.

Porque esto nunca ha ido de libertad, esto siempre ha ido de poder. Y muestra de ello vemos cómo a la izquierda no le importa la libertad, ni las instituciones, ni la separación de poderes y ni mucho menos la democracia.

Democracia es un término que también desvirtúa constantemente la izquierda. Democracia es todo aquello que le guste a la izquierda y que le convenga para su discurso. Les encanta desvirtuar el significado de las palabras y apropiarse de ellos, y mientras juguemos en los esquemas mentales creados por ellos estaremos perdiendo la batalla. Porque peleamos frente a un delirio, frente a conceptos manipulados y realidades que no existen.

Esto mismo lo han hecho con el calificativo de machista, misógino, homófobo, racista o xenófobo. Es el surtido de calificativos con los que deshumanizan al que discrepa de sus dogmas, justificando así cualquier tipo de acción contra él. Todo lo malo se atribuye al contrario y todo lo bueno es parte de la izquierda.

El error ha sido una derecha que le concedió la autoridad moral a la izquierda de tener legitimidad para darle fuerza a esos calificativos. Cuando vives con la cabeza agachada frente a esta izquierda y juegas bajo sus reglas morales, has perdido. Porque ellos no tienen honestidad intelectual, para ellos todo está justificado con tal de lograr su fin.

La misma ejemplaridad y moralidad que la izquierda exige a la derecha jamás será vista encarnada por ellos, porque ellos son los que se han erigido como jueces del bien y del mal, y mientras se les dé esa legitimidad y se agache la cabeza, estos calificativos seguirán teniendo efecto. Ellos quieren que juegues con unas reglas en las que eres absolutamente inofensivo para ellos, pero ellos jamás se aplicarán esas reglas.

Y a la hora de debatir el hacerlo en los esquemas mentales de la izquierda le da legitimidad a su discurso y es como debatir con un absoluto esquizofrénico. Porque los calificativos que aplican carecen de significado y son absolutamente instrumentales.

Carecen de honestidad intelectual, están debatiendo en función a términos manipulados y desde la total deshonestidad. Hablamos de personas que manipulan los datos y omiten su interpretación honesta y científica porque no les convienen para el relato. Esta gente sabe de sobra lo que es una regla de tres, pero no le conviene para el relato.

No hay honor ni moral en esta izquierda, ni esperen en ningún momento que lo haya. El problema es que tenemos la esperanza de que en algún momento lo haya. Son una secta que cegados por el miedo irracional a un enemigo artificial no son capaces de ver la realidad.

Esta gente hundiría el país en la más absoluta pobreza antes que aceptar que están en el lado incorrecto de la historia. Y dominan el relato por el miedo. El miedo de la población a ser señalada con sus calificativos. El escarnio público y el señalamiento son los métodos por los que someten a la población.

Quien controla tu miedo tiene poder sobre ti. Y a la gran mayoría de la población la tienen cogida por los cojones porque les da miedo que una panda de descerebrados les califique de fascista, racista, machista u homófobo.

Sí, señores, hay gente ahí fuera que teme que una panda de charos oligofrénicas les llame machista o que una panda de perroflautas les llame fascista. Y así estamos como estamos, porque a la gente le da miedo esos calificativos. Porque a la gente le da miedo que los demás piensen que ellos son así y mediante esta coacción la mayoría calláis como putas. Porque teméis no ser aceptados socialmente, pero ¿de verdad querríais ser aceptados en una sociedad gobernada por absolutos dementes? ¿De verdad queréis pasar por el aro? ¿Por qué algunos pueden opinar libremente y otros no? ¿Por qué hemos aceptado que hay opiniones que se pueden decir y otras no? ¿Por qué unos tienen problemas por opinar de cierta manera y otros no?

Absolutos desechos sociales os tienen cogidos de los huevos porque os importa lo que estos subseres opinen de vosotros. Espero que al verlo escrito os deis cuenta de que esto es absolutamente delirante. Sus calificativos tienen fuerza porque vosotros se la dais, porque agacháis la cabeza y asumís que su opinión es relevante.

Os gobiernan a todos porque les tenéis miedo. Tenéis miedo de gente que le da ansiedad que no les habléis por sus pronombres y que creen que un punto violeta es un lugar seguro. A esa clase de gente le tenéis miedo. Vivimos en un mundo en el que hemos aceptado que los débiles nos gobiernen por el hecho de que lloran muy alto y nos da miedo sus rabietas. Esto solo lleva al fin de una civilización.

Es el momento de que les perdáis miedo a esta panda de descerebrados y que tomemos el control de nuevo. Porque son débiles y en cuanto les enseñemos los dientes van a perder la cabeza.

Pegan al lobo hasta que muerde para poder decir que es malo, pero os digo una cosa: al lobo le dejó ya de importar hace tiempo parecer malo.

Porque se dio cuenta que asumiendo la legitimidad moral del que le estaba pegando con tal de no parecer malo permanecía sometido. Es momento de enseñar los dientes. No les tengáis miedo porque el dueño de tu miedo tiene tu control.

¿Y sabéis de que tienen miedo los burócratas europeos? A que se exponga la realidad en torno al estado del bienestar. Desafortunadamente, 2025 nos ha traído varias tragedias como la DANA o los incendios que se están viviendo este verano en muchas partes de España. En tiempos en los que la recaudación tributaria está en máximos históricos, el pueblo sufre más que nunca la inacción y la incompetencia del Estado. Este es el mayor miedo que tiene la mayoría de políticos, que se exponga que la población está asfixiada a impuestos con la creencia de que en algún momento este Estado responderá como se debe cuando el ciudadano lo necesite y que, cuando esto ocurre, nunca está a la altura.

La frase que más temen es «El pueblo salva al pueblo», porque muestra la realidad que hay tras esta ilusión de protección que promulgan. Y fijaos que son incluso incompetentes cuando podrían colgarse medallas que reforzaran su discurso en favor de seguir expoliando a la población a impuestos. En momentos en que tienen la oportunidad de reforzar ese discurso no son capaces de estar a la altura de la situación.

Si hacemos memoria de todas las tragedias recientes que se han vivido en España, no podemos mencionar ninguna en la que el Estado haya estado a la altura. Siempre vivimos un intercambio de culpas y responsabilidades entre el Gobierno central y las comunidades autónomas, pero a la hora de la verdad no hay soluciones efectivas en el momento que se necesitan. Si nos remontamos a la época de la pandemia, es aún más escandaloso. Pero el ciudadano se empieza a acostumbrar que esto sea así porque cree que en otros países desarrollados se vive peor o la gente se muere en la puerta del hospital.

En este sentido hay que darle mérito a la propaganda que han hecho metiéndole en la cabeza a la gente que solo en España la gente tiene «sanidad gratuita» y que todo lo que no sea darle más de la mitad de dinero al Gobierno hace que tengas que empeñar un riñón para que te atiendan en el médico. Es curioso cómo todo el mundo entiende cómo funciona el seguro de un coche, pero no son capaces de entender que también existen seguros sanitarios para hacer lo mismo en otros países y son sistemas solventes y efectivos.

Pero como hemos mencionado previamente dominan a la gente atacando a sus miedos, y con personas que no tienen mucho mundo esta propaganda funciona muy bien. Al final tenemos que asumir que hay una parte de la población que cree que en Cuba la sanidad es excelente.

El miedo es un excelente aparato para conseguir tus fines mediante la propaganda y es una de las herramientas más utilizadas a nivel político tanto en la derecha como en la izquierda.

La colonización cultural y el entretenimiento

Si los medios de comunicación son el martillo que golpea a diario con titulares y tertulias, la cultura y el entretenimiento son el veneno suave que se filtra sin resistencia en la mente de millones de personas. Ahí está el verdadero poder de la izquierda: no en los discursos políticos, que a veces cansan, ni en las campañas mediáticas, que se pueden cuestionar, sino en el bombardeo constante de mensajes disfrazados de ocio, arte y diversión.

La izquierda entendió hace décadas que quien controla la cultura controla la sociedad. La política es inmediata, pero la cultura es profunda. La política puede ganar o perder elecciones, pero la cultura moldea lo que la gente considera aceptable o inaceptable. Y si consigues que tus valores se instalen en el cine, en la música, en las series, en los videojuegos, en la publicidad, ya no necesitas convencer con argumentos: basta con que el ciudadano consuma entretenimiento para absorber, casi sin darse cuenta, el dogma progresista.

Miremos al cine. Hollywood, que una vez fue símbolo de creatividad y diversidad de ideas, hoy es una fábrica de propaganda ideológica disfrazada de películas. No importa si se trata de superhéroes, dramas históricos o comedias románticas: siempre hay un mensaje progresista metido con calzador. El héroe no solo salva al mundo, también da discursos sobre inclusión. El villano no solo amenaza la paz, también es una caricatura de valores conservadores. La trama ya no busca solo entretener, busca educar en la nueva moral impuesta.

Las series no se quedan atrás. Plataformas como Netflix o Amazon Prime se han convertido en catedrales del progresismo cultural. Personajes forzados, diversidad artificial, discursos sobre género, migración o política metidos aunque no vengan a cuento. No importa la coherencia narrativa, lo importante es que el espectador reciba la lección. ¿Y qué ocurre cuando alguien se queja de que la trama se sacrifica en favor de la propaganda? Se le acusa de intolerante, de atrasado, de fascista. La colonización cultural no admite críticas: se consume y se aplaude.

La música popular también ha sido colonizada. Grandes artistas, apoyados por discográficas y medios, no solo venden canciones: venden causas. Causas que, curiosamente, siempre coinciden con la agenda progresista. Conciertos convertidos en mítines, videoclips cargados de mensajes ideológicos, letras que repiten consignas disfrazadas de música. Y lo mismo ocurre con los premios, que ya no reconocen solo talento, sino compromiso con «el mensaje correcto». La industria cultural ha sustituido el arte por la propaganda.

Incluso los videojuegos, que durante décadas fueron un espacio relativamente libre, hoy son campo de batalla del progresismo. Tramas con moralejas ideológicas, personajes diseñados para cumplir cuotas, diálogos que parecen sacados de un panfleto político. Se supone que el jugador está escapando de la realidad para divertirse, pero lo que recibe es un sermón encubierto. El ocio se convierte en adoctrinamiento.

La colonización cultural no se limita a lo que consumimos, también afecta a cómo lo consumimos. Plataformas, festivales, premios, subvenciones: todo está diseñado para premiar lo políticamente correcto y castigar lo disidente. Una película que se atreva a cuestionar el dogma progresista no recibirá apoyo ni distribución. Un artista que desafíe la narrativa oficial será cancelado o boicoteado. Una obra que no incluya la cuota de diversidad exigida será tachada de reaccionaria. La cultura deja de ser libre para convertirse en una herramienta de control social.

Y lo más perverso es que todo esto se hace bajo la máscara de la libertad creativa. Nos dicen que se trata de dar voz a todos, de reflejar la diversidad del mundo. Pero la realidad es la contraria: se silencian las voces que no encajan en la narrativa y se impone un molde rígido en el que todas las obras deben caber. No es diversidad, es uniformidad disfrazada de colores.

El entretenimiento también sirve como canal de **normalización del enemigo**. Fíjate cómo se representan ciertos perfiles en películas o series: el empresario es siempre codicioso y cruel; el político conservador es siempre hipócrita, egoísta o corrupto; el religioso es siempre fanático o violento. En cambio, los progresistas son presentados como valientes, generosos, visionarios. El espectador no recibe un análisis político, sino una caricatura constante que moldea sus prejuicios. Al final, sin darse cuenta, empieza a asociar lo conservador con lo malvado y lo progresista con lo bueno. Y cuando llega la hora de votar o de opinar, esos prejuicios pesan más que cualquier argumento.

La colonización cultural es tan eficaz porque actúa en el plano emocional. No convence con datos ni con lógica, sino con historias, con música, con imágenes. El ciudadano puede rechazar un discurso político, pero no rechaza la serie que ve para relajarse. No cuestiona la letra de la canción que tararea. No analiza el trasfondo ideológico de un videojuego. Y, sin embargo, todo eso va calando. Va moldeando poco a poco lo que se considera normal, lo que se considera correcto, lo que se considera «progreso».

En este punto, conviene hacer una advertencia clara: no se trata de prohibir ni de censurar, eso sería caer en el mismo autoritarismo que criticamos. Se trata de desenmascarar. De mostrar al ciudadano que la supuesta neutralidad cultural es mentira. De recordarle que detrás de cada trama, de cada eslogan, de cada *casting* «inclusivo» hay una intencionalidad política. La cultura nunca es inocente, y menos cuando se financia, se premia y se distribuye con criterios ideológicos.

La respuesta a la colonización cultural no es censura, sino creación. Crear alternativas, producir arte auténtico, recuperar la libertad en el entretenimiento. Construir plataformas, apoyar artistas valientes, promover historias que no estén maniatadas por el dogma progresista. Porque si dejamos todo el terreno cultural en manos de la izquierda, no habrá discurso político que logre contrarrestar su hegemonía.

La batalla por la cultura no es secundaria, es central. La política cambia cada cuatro años, pero la cultura moldea generaciones enteras. Y si no entendemos esto, estaremos condenados a perder antes de empezar. La izquierda lo entendió hace tiempo y por eso domina hoy las universidades, las productoras, las editoriales, los festivales. Ahora nos toca a nosotros entenderlo y actuar en consecuencia.

Porque el día en que recuperemos la cultura, habremos recuperado también la capacidad de pensar en libertad. Y ese día, la colonización progresista empezará a desmoronarse como lo que siempre ha sido: un castillo de propaganda disfrazado de entretenimiento.

La izquierda lo entendió hace décadas. Supo ver que la política es efímera y que la cultura es profunda. La política puede cambiar de manos cada cuatro años, pero la cultura te marca para toda la vida. Una generación entera criada con determinadas películas, canciones y narrativas ya está moldeada aunque luego vote distinto. La cultura es la semilla; la política es la cosecha. Y por eso los progresistas invirtieron en universidades, editoriales, productoras y discográficas mientras la derecha miraba hacia otro lado, creyendo ingenuamente que la política bastaba para librar la batalla. Craso error.

Esto conecta con otro mecanismo: la fabricación de referentes. Hoy no necesitas que un artista sea talentoso; lo que necesitas es que sea útil a la causa. Así aparecen cantantes mediocres que repiten consignas en cada entrevista, actores que convierten cada alfombra roja en un mitin. No son fenómenos orgánicos, son productos manufacturados por agencias, discográficas y plataformas. Se les empuja artificialmente a la fama porque representan el modelo de ciudadano ideal: superficial, obediente y dispuesto a repetir el dogma. Son estrellas de cartón que brillan mientras sirven y se apagan en cuanto dejan de hacerlo.

La colonización también opera en la **estética**. No hablo solo de moda, hablo de símbolos, de colores, de tipografías, de diseño gráfico, incluso de arquitectura. El progresismo convirtió lo visual en un arma política. El arcoíris no es un color, es un estandarte. Un logo no es *marketing*, es ideología. Un mural urbano ya no es arte espontáneo, es propaganda institucional financiada. Todo se convierte en un campo de batalla simbólico. Lo que llevas puesto, lo que cuelgas en tu perfil, lo que exhibes en tu ventana: todo es declaración política. La presión es brutal porque, si no te sumas, automáticamente eres sospechoso. No llevar el símbolo correcto equivale a ser señalado como enemigo.

Un campo especialmente perverso es el de la **nostalgia reescrita**. No les basta con controlar lo nuevo, quieren también reprogramar el pasado. Clásicos de la infancia relanzados con moralejas progresistas, películas editadas para incluir personajes «inclusivos», series regrabadas para adaptarse a la nueva moral. Incluso libros infantiles que se modifican para eliminar «expresiones ofensivas». Lo que está en juego aquí no es solo el presente, es la memoria colectiva. Atacan la nostalgia porque saben que lo emocional es más fuerte que lo racional. Y cuando logran que los recuerdos de tu infancia ya no sean tuyos, sino versiones editadas, te arrancan hasta tu identidad.

La cultura de la cancelación es el látigo que disciplina al que se rebela. Un artista que dijo algo incorrecto hace diez años, un humorista que hizo un chiste «prohibido», un escritor que cuestionó una narrativa: todos son arrojados a la hoguera pública. El castigo no es solo perder contratos, es la humillación masiva en redes sociales. Y lo más grotesco es ver a muchos pedir perdón de rodillas, como si hubieran cometido crímenes atroces cuando en realidad solo dijeron lo que pensaban. La cancelación es la Inquisición moderna, y su poder radica en el miedo preventivo: millones de personas se autocensuran para no ser las siguientes.

Pero quizás lo más efectivo de todo es la **colonización infantil**. Los adultos aún pueden rebelarse, pero los niños no tienen filtros. Ahí es donde el progresismo juega con ventaja. Dibujos animados con ideología de género, videojuegos con discursos políticos insertados, libros de texto diseñados como panfletos disfrazados de educación. Incluso YouTube Kids, que parece inocente, ya filtra y prioriza contenidos con moralejas ideológicas. El objetivo es simple: que los niños crezcan creyendo que todo lo que ven es natural, cuando en realidad es una construcción política. A los padres les venden la idea de que es diversidad e inclusión, pero lo que reciben sus hijos es adoctrinamiento suave y constante.

La colonización también se infiltra en la publicidad. Antes, una empresa te vendía un producto. Ahora te vende una causa. Ya no compras unas zapatillas, compras «inclusión». Ya no compras un refresco, compras «conciencia climática». Ya no compras un coche, compras «sostenibilidad». Las marcas se convirtieron en comisarios políticos porque temen al linchamiento digital. No lo hacen por convicción, lo hacen por miedo. Pero el resultado es el mismo: millones de consumidores reciben consignas disfrazadas de *marketing*. Y lo más triste es ver a empresas multimillonarias disfrazadas de ONG mientras explotan trabajadores en países sin derechos laborales. La hipocresía es monumental, pero el espectáculo es eficaz.

El entretenimiento masivo, en su versión más edulcorada, se ha convertido en Disneylandia ideológica. Parques temáticos, películas de animación, espectáculos infantiles: todos transmiten un mundo donde lo progresista es sinónimo de bondad universal.

Lo hacen con canciones pegajosas, colores brillantes y tramas sencillas que parecen inocentes. Pero detrás de cada villano siempre hay un valor conservador caricaturizado. El empresario avaro, el padre autoritario, el religioso fanático. La moraleja es siempre la misma: lo tradicional es malo, lo disruptivo es bueno. Es propaganda con purpurina, diseñada para que hasta un niño lo asimile sin rechistar.

La colonización cultural no es local, es global. Su epicentro es Estados Unidos, que exporta dogmas como quien exporta hamburguesas. Lo que empieza en California como tendencia woke termina en Madrid, Bogotá o Berlín como norma social. Es un imperialismo blando, más eficaz que cualquier ejército. No llegan con tanques, llegan con Netflix, Disney, TikTok y Spotify. La cultura pop es el caballo de Troya del progresismo global. Y Europa, siempre acomplejada, lo absorbe sin filtro. Hispanoamérica, necesitada de referentes internacionales, lo replica con entusiasmo. Lo que debería ser diversidad cultural se convierte en colonización ideológica disfrazada de entretenimiento.

Mientras unos países invierten en armas, otros invierten en controlar la narrativa global. La cultura pop estadounidense es más influyente que su ejército, porque moldea percepciones en todo el planeta. El progresismo encontró en la música, el cine y las plataformas digitales la herramienta perfecta para expandirse como religión global. Y lo más trágico es que muchos países adoptan esos dogmas sin discutirlos, como si fueran inevitables. Como si «estar al día» equivaliera a claudicar culturalmente.

El gran riesgo es no disputar este terreno. Porque mientras algunos siguen creyendo que la política se gana en parlamentos, la realidad es que se pierde en series de Netflix, en canciones de reguetón, en dibujos animados, en galas de premios. Una generación entera puede ser moldeada culturalmente aunque vote distinto en unas elecciones. Y si no entendemos que la verdadera batalla está en la cultura, perderemos siempre, porque la política solo es el reflejo de lo que ya se ganó en el terreno cultural.

El día en que recuperemos la cultura será el día en que recuperemos la libertad de pensar. Porque la colonización cultural no es inevitable, es frágil. Depende de subvenciones, de algoritmos amañados, de premios falsos. Basta con exponer su artificio para que se derrumbe. Y cuando se derrumbe, quedará claro que no era diversidad, era uniformidad disfrazada. No era arte, era propaganda. Y no era libertad creativa, era un dogma totalitario pintado de colores brillantes.

Si la cultura es el veneno suave que se filtra en el ocio y el entretenimiento, la educación es la fábrica donde se moldea la mentalidad de las nuevas generaciones. La izquierda sabe perfectamente que quien controla la escuela controla el futuro. Por eso ha convertido el sistema educativo en un campo de adoctrinamiento ideológico disfrazado de enseñanza.

La educación debería ser un espacio para el conocimiento, para el pensamiento crítico, para el descubrimiento de la verdad. Debería enseñar a los jóvenes a pensar, no a repetir. Debería mostrarles la historia en toda su complejidad, no como un cuento con héroes y villanos. Debería ofrecerles herramientas para ser libres, no consignas para ser obedientes. Pero lo que tenemos hoy es todo lo contrario: un sistema diseñado para producir ciudadanos dóciles, alineados con el dogma progresista y temerosos de salirse del guion.

Desde la infancia, los niños reciben un bombardeo constante de mensajes ideológicos disfrazados de valores universales. Se les habla de diversidad, de inclusión, de igualdad…, pero nunca como conceptos abiertos al debate, sino como dogmas cerrados. No se les invita a reflexionar, se les obliga a repetir. No se les enseña a cuestionar, se les inculca a obedecer. Y lo más grave: todo esto se hace con el respaldo del Estado, que ha convertido a la escuela en el principal instrumento de ingeniería social.

La historia es uno de los campos más manipulados. Se presenta a los jóvenes una narrativa en la que la izquierda aparece siempre como fuerza liberadora y la derecha como enemigo eterno del progreso. Se exageran los errores de unos y se silencian los abusos de otros. Se reescriben los episodios incómodos, se borran los crímenes del comunismo, se maquillan las dictaduras progresistas. Los estudiantes no aprenden historia, aprenden un catecismo. Y salen convencidos de que cuestionarlo es herejía.

La educación cívica tampoco se libra. Lo que debería ser formación en principios democráticos básicos —respeto, debate, pluralidad— se convierte en propaganda disfrazada de valores. Se les dice a los jóvenes que la democracia es igualdad..., pero entendida solo como igualdad bajo la visión progresista. Se les habla de libertad..., pero libertad para aplaudir lo que el sistema considera correcto. Se les habla de tolerancia..., pero tolerancia selectiva, donde todo se tolera menos a los llamados «fascistas». El resultado es una ciudadanía formada no en democracia, sino en obediencia ideológica.

El adoctrinamiento va más allá de las asignaturas. Se infiltra en la vida escolar, en los talleres, en las actividades extraescolares, en los murales de los pasillos, en los discursos oficiales. Cualquier excusa es buena para meter la lección política. Un día es el «día de la diversidad», otro el «día del medio ambiente», otro el «día contra el discurso de odio». Todo parece inocente, pero detrás siempre hay el mismo mensaje: solo existe una manera correcta de pensar y todo lo demás es peligroso.

El profesor disidente, aquel que se atreve a cuestionar el dogma, es rápidamente marginado. Puede que no lo echen de inmediato, pero será aislado, señalado, presionado. En muchos casos, ni siquiera se atreve a hablar por miedo a represalias. El aula se convierte así en un espacio de silencio impuesto, donde solo sobreviven los docentes que repiten el catecismo. Y los alumnos, que perciben perfectamente el ambiente, aprenden desde temprano la lección más peligrosa de todas: no pienses por ti mismo, piensa lo que esperan que pienses.

La universidad, que debería ser el lugar de máxima libertad intelectual, se ha transformado en la catedral del progresismo. Conferencias canceladas, profesores acosados, alumnos señalados por tener opiniones «incorrectas». Todo bajo el mismo pretexto: proteger a la comunidad del «fascismo». Lo que antes era un espacio de debate es ahora un espacio de censura. Y lo que antes era diversidad de pensamiento es ahora uniformidad disfrazada de inclusión.

El daño de este adoctrinamiento no es solo académico, es social. Porque cuando los jóvenes salen de la escuela con la mente moldeada por la ideología progresista, ya no necesitan que nadie les obligue a obedecer: lo harán por sí mismos. Defenderán el dogma con pasión, insultarán al disidente con fervor, repetirán consignas como si fueran verdades científicas. Serán soldados ideológicos convencidos de estar luchando por la justicia, cuando en realidad no son más que piezas de un engranaje autoritario.

El adoctrinamiento educativo también tiene otra consecuencia: destruye la posibilidad de una verdadera meritocracia. Porque cuando lo importante ya no es el esfuerzo ni el conocimiento, sino la adhesión ideológica, el sistema recompensa a los obedientes y castiga a los libres. El estudiante brillante pero rebelde será penalizado. El mediocre pero obediente será premiado. Así, poco a poco, se crea una élite leal al dogma, incapaz de cuestionarlo, pero ansiosa por imponerlo.

Y ya no es solo eso, sino que se busca eliminar la competencia para así eliminar cualquier tipo de meritocracia o ambición de crecimiento. A la izquierda no le interesan personas que busquen sobresalir, necesitan ciudadanos conformistas y que vean mal al que busca salir del rebaño.

La trampa, como siempre, está en el disfraz. Nos dicen que la educación progresista busca formar ciudadanos críticos, cuando en realidad busca formar ciudadanos obedientes. Nos dicen que promueve la libertad, cuando en realidad impone censura. Nos dicen que garantiza igualdad, cuando en realidad fabrica desigualdad moral: los «correctos» frente a los «incorrectos». Nos dicen que es inclusiva, cuando en realidad excluye a cualquiera que no comulgue con la nueva religión ideológica.

La única salida es denunciar este adoctrinamiento y recuperar la educación como espacio de conocimiento y libertad. No se trata de imponer otro catecismo, sino de devolver la pluralidad real. Que los alumnos aprendan historia completa, no relatos mutilados. Que estudien filosofía auténtica, no panfletos disfrazados de ética. Que tengan profesores valientes, no repetidores de consignas. Que la escuela vuelva a ser lo que debería ser: un lugar donde se aprende a pensar, no donde se aprende a obedecer.

La nueva forma de propaganda digital

Los tiempos cambian y la forma de hacer propaganda también; las estrategias en sí no han cambiado demasiado, ya que hay principios que perfectamente son aplicables a los tiempos digitales, pero sí aparecen nuevos formatos que jamás nadie se habría imaginado.

Formatos muy simples, pero a la vez muy efectivos, como podrían ser los memes que toman la comandancia de la batalla propagandística sin que el boomerato se dé cuenta. Los medios de comunicación tradicionales aún no saben ni de qué va la película y están más perdidos que un sordo en un tiroteo. Estos siguen disparando con arcabuces cuando nosotros ya tenemos una AR-15.

El boomerato aún no se ha dado cuenta de que los memes han hecho ganar elecciones en Argentina y que son una herramienta propagandística sin precedente. Tenemos una gran oportunidad porque el boomerato que sostiene el consenso socialdemócrata está muy perdido. Son como cuando tu padre te dice que se le ha ido el Facebook y simplemente tiene que volver a iniciar sesión. Tu padre cree que estás haciendo una operación que ni un ingeniero aeronáutico, pero en realidad es algo muy simple. Aún así no subestimemos la capacidad de viralización de los memes para *boomers* en WhatsApp. Este nicho bien explotado te puede cambiar el rumbo del país y creo que si sabemos explorar el meme cuñado adaptado a esa generación con sus códigos podríamos encontrar oro frente a la lucha de la narrativa de los medios de comunicación.

En este ámbito la izquierda es inepta, insufrible, se volvieron lo más aburrido y amargado de internet, tienen menos aura que una nevera por detrás. Hay una gran ventaja competitiva con el terreno de juego tal y como lo tenemos.

Se subestima demasiado a los memes y soy un grandísimo defensor de su valor propagandístico. Dice más un meme que mil palabras. Un buen meme puede hacer reír, transmitir en poco tiempo mucho y se puede compartir masivamente en muy poco tiempo. Estoy convencido de que si trajéramos a los mejores propagandistas de la historia a los tiempos actuales alucinarían con el potencial de los memes.

Porque las estrategias de propaganda en el fondo no han cambiado tanto: simplificar un mensaje, repetirlo hasta la saciedad, apelar a las emociones y ridiculizar al enemigo. Eso es igual desde los tiempos de los panfletos medievales hasta los carteles de la Segunda Guerra Mundial. Pero lo que sí cambió radicalmente son los formatos. Y ahí es donde entra en juego algo que los *boomers* jamás vieron venir: los memes, el *shitposting*, los vídeos cortos, los *streamers*, los foros. Toda una cultura digital que ellos desprecian como una broma de adolescentes, pero que hoy es la artillería pesada de la política del siglo XXI.

Pensemos lo difícil que era antaño hacer que la propaganda llegara a las personas: había que empapelar las calles, transmitir mensajes a través de radios y posteriormente en la televisión. Actualmente, cualquier persona desde su dispositivo móvil puede lanzar a la red mensajes que lleguen a más personas, más lejos y que impacten más que todas las campañas publicitarias de Gobiernos juntas.

Los memes son la columna vertebral de este nuevo lenguaje. Pequeños, simples, directos, condensan un mensaje político en una imagen que te arranca una carcajada y te hace compartirlo de inmediato. Esa es su magia: en dos segundos transmiten lo que antes requería un discurso entero. Y lo mejor de todo es que no necesitan de una infraestructura gigantesca. No hace falta una redacción con cientos de periodistas ni una productora multimillonaria: basta con un chaval con tiempo libre, Photoshop pirateado y mala leche. Ese chaval puede tumbar la campaña publicitaria de un ministerio con un meme hecho en diez minutos.

Estamos en la era de la inmediatez, del consumo rápido y los memes son un arma muy poderosa de propaganda. Ya sea para ridiculizar al contrario, exponer su hipocresía o hacer críticas sociales mediante la sátira. Esto, además, nos lleva a algo que ya hemos abordado en este libro y es la pérdida del sentido del humor de la izquierda. La izquierda es especialmente mala en la cultura de memes; es más, hay muchos memes sobre lo mala que es la izquierda haciendo memes. Creo que es algo digno de estudio porque son incapaces de hacer buenos memes; es como si de alguna forma su mente no les permitiera entender la clave de este tipo de comunicación. Son malos, pero además muy malos.

Soy consciente de que mucha gente creerá que estoy exagerando con el potencial de los memes, y os digo algo: precisamente por ello tienen muchísimo potencial. Porque la mayoría de la sociedad no lo toma en serio e incluso lo ve como algo inmaduro o infantil.

Creen que la política digital es gastarse millones en bots y anuncios dirigidos cuando la realidad es que un buen meme hecho desde la habitación de un anónimo tiene más impacto que toda su maquinaria. Son como tu padre cuando te pide que le ayudes con el ordenador porque «se le ha ido el Facebook» y en realidad solo tiene que volver a iniciar sesión. Para él es ingeniería aeroespacial, para ti es un clic. Así está la vieja guardia: convencidos de que internet es un misterio incomprensible, mientras los que entienden la dinámica del meme dominan el tablero.

El ejemplo más claro lo vimos en Argentina con Milei. Su figura no se explica sin la cultura memética que lo rodeó: el león rugiendo contra la casta, la motosierra cortando ministerios, los edits delirantes que lo mostraban como un guerrero contra el socialismo. Todo eso fue mucho más potente que cualquier debate televisivo. Y lo mismo pasó con Trump en 2016. Mientras Hillary Clinton invertía millones en *spots* y consultores, en foros como 4chan y Reddit miles de anónimos inundaban internet con memes que ridiculizaban a la candidata demócrata y convertían a Trump en un héroe *outsider*. El caso de la rana Pepe es paradigmático: un simple dibujo convertido en icono político mundial, tan potente que hasta la ONU terminó debatiendo sobre él.

¿Cómo compite un telediario con eso? Imposible. Pero no son solo los memes estáticos.

Estamos en la era del vídeo corto. TikTok, Instagram Reels, YouTube Shorts: formatos de quince a sesenta segundos que se consumen como caramelos y que tienen un alcance brutal. El cerebro humano está diseñado para la gratificación inmediata, y los vídeos cortos son el *crack* digital. No necesitas tragarte una tertulia de dos horas, en veinte segundos ya has recibido un mensaje político contundente. Y si encima es gracioso, satírico o emocional, se te queda grabado más que cualquier discurso parlamentario.

La izquierda aquí vuelve a fracasar porque se toma demasiado en serio a sí misma. Intentan hacer vídeos con tono solemne, moralista, cargados de datos, como si estuvieran en un congreso académico. Nadie quiere ver eso. El usuario quiere que le arranques una sonrisa, que le muestres la hipocresía del contrario con un corte rápido, que le simplifiques el caos en una idea que pueda repetir con sus amigos. Por eso la derecha alternativa arrasa en TikTok y en Instagram. Porque mientras los progres sermonean, los otros hacen reír. Y en internet, quien hace reír gana.

El *shitposting* es otro fenómeno fascinante. Para los *boomers* es incomprensible: publicar cosas absurdas, mal hechas, incluso ofensivas, pero que precisamente por su exceso se vuelven virales. Es el caos como estrategia. Y aunque parezca infantil, es tremendamente político, porque rompe la solemnidad, ridiculiza las formas tradicionales de la política y transmite la idea de que los de siempre ya no tienen el control. Es lanzar basura digital hasta que el adversario se vuelve irrelevante. Y funciona. Funciona porque internet premia la irreverencia y castiga la seriedad impostada.

Los *streamers* y *youtubers* son otro frente que los viejos medios no saben ni cómo abordar. Para ellos, un chaval que habla a una cámara desde su cuarto no es competencia. No entienden que ese chaval, en directo, puede tener más audiencia que todos los canales de televisión juntos en *prime time*. Y no solo más audiencia: más conexión, más confianza, más cercanía. Cuando Ibai entrevista a Messi o cuando un *streamer* comenta la actualidad política en Twitch, la gente lo siente auténtico. No es el presentador de telediario con traje y guion, es alguien que parece uno de los tuyos. Y esa sensación de comunidad, de conversación directa, es la que destruye el monopolio de la prensa.

No es casualidad que muchos políticos hayan intentado meterse en Twitch o en TikTok. Pero la mayoría fracasa porque no entienden los códigos. Quieren trasladar su lenguaje de mitin al nuevo formato, y eso no funciona. En TikTok no puedes dar una lección de cinco minutos sobre macroeconomía. Tienes que hacer un vídeo de quince segundos que sintetice tu idea en una frase potente y, si puede ser, graciosa. El que entiende esto tiene futuro; el que no, está muerto. Milei lo entendió. Trump lo entendió. Vox lo entendió. El PSOE no lo entiende y el PP menos todavía.

Los foros son otro de esos espacios que los *boomers* subestimaron y que resultaron decisivos. Desde los tiempos de Forocoches hasta Reddit, pasando por 4chan, los foros han sido auténticos laboratorios de memes, *shitposting* y narrativas alternativas. Ahí se incuban las ideas que luego explotan en *mainstream*. Un meme que nace en un foro anónimo puede acabar en la portada de un periódico a la semana siguiente. Y lo más irónico es que los periodistas que se burlan de esos espacios terminan escribiendo sobre ellos porque no les queda otra. El periodismo ya no marca la agenda: la agenda la marcan cuatro frikis desde un sótano.

Y esto es lo que el boomerato no soporta: que perdieron el control. Antes podían decidir qué era noticia y qué no. Hoy no. Hoy un vídeo mal grabado en vertical desde un móvil puede tener más repercusión que la portada de un gran diario. Hoy un meme puede ridiculizar a un ministro de forma irreversible. Hoy un clip de diez segundos en TikTok puede movilizar más votos que toda una campaña de propaganda institucional. Y lo peor para ellos es que no saben cómo defenderse.

Mientras tanto, la izquierda sigue en su espiral de solemnidad. Perdieron el humor. Se volvieron insoportables. No entienden que en la política digital el que ríe gana, y ellos solo saben regañar. Intentan hacer memes y fracasan porque son incapaces de reírse de sí mismos, porque ven fascismo hasta en un chiste, porque viven en una rigidez mental que los vuelve ridículos. Su «humor» es forzado, artificial, más parecido a un panfleto que a un chiste. Y, claro, internet los devora.

La vieja derecha tampoco lo hace mejor. Son tan serios, tan acomplejados, tan obsesionados con quedar bien con la izquierda que ni se atreven a usar el humor. Creen que con discursos tibios y con declaraciones institucionales pueden competir en un terreno donde manda el ingenio. No lo entienden, y por eso la *alt-right* les pasó por encima. Porque la *alt-right* no pide permiso, no pide perdón y, sobre todo, no pierde el tiempo en dar explicaciones largas: lo reduce todo a un meme o a un vídeo viral.

Fijaos, exactamente lo mismo que pensaba mucha gente de las redes sociales hace años. Que era algo para niños y que solo utilizaban niños. La sociedad aún no es consciente de lo que se puede llegar a conseguir con los memes y ahí está su verdadero potencial.

Ya se han ganado elecciones con los memes y como dirían los argentinos algunos *no la ven*. Gran parte del auge de la *alt-right* en el mundo se podría resumir en todo esto. Una izquierda que no la ve y un boomerato que no sabe ni por donde le da el aire. Los partidos tradicionales de derecha europeos están igual de perdidos. Están en tierra de nadie, no saben ni contra quién pelean ni por qué pelean, ni siquiera saben cuál es su ejército.

Y esto es realmente un gran desafío para los partidos de la vieja derecha, porque están siendo incapaces de entender este nuevo terreno de juego. Se habían acomodado con ser una alternativa tibia a la izquierda hasta la aparición de la *alt-right* que ha explotado sus tibiezas y sus complejos. A esta pseudoderecha le acompleja parecer de derechas e incluso podríamos afirmar que le avergüenzan sus votantes. Una derecha que busca constantemente la validación de la izquierda y que ha renegado absolutamente de sus valores.Y además esta vieja derecha con la aparición de partidos de *alt-right,* lejos de intentar aprender de ellos, deciden posicionarse con la izquierda contra estos partidos. Y es un posicionamiento curioso porque creen que posicionarse como la derecha buena al lado de la izquierda y poner un cordón sanitario a estos partidos es algo que les permitirá frenar el auge de la *alt-right,* y se ha demostrado que provoca exactamente lo contrario. Estas acciones justifican aún más su existencia y potencian la tesis de estos partidos. El éxito de estos partidos no es otra cosa que el complejo de la vieja derecha que ha renegado de ser lo que debería ser.

La propaganda hoy ya no necesita el aparato de Estado que antes resultaba imprescindible. Durante décadas, el poder político dependía de controlar la televisión pública, las radios, las licencias de emisión. Había que tener todo un ejército de periodistas domesticados para moldear la narrativa. Hoy eso ya no es del todo necesario. Un *influencer* en TikTok puede llegar a más jóvenes en un mes que la televisión pública en todo un año. Y encima sin pedir subvenciones ni favores políticos. Ahí está la diferencia: mientras el viejo poder sigue obsesionado con las ruedas de prensa y los telediarios, el nuevo poder digital crea realidades desde un móvil.

Lo interesante de este cambio es que ha democratizado las herramientas de propaganda. Antes, para hacer llegar un mensaje a millones, necesitabas millones. Hoy, para llegar a millones, solo necesitas ingenio. El coste de producción de un meme es ridículo: cero euros. El coste de un vídeo corto es lo que te gastes en la tarifa de datos. Y, aun así, tienen un potencial de alcance que ningún cartel en la calle podría soñar. El meme es la guerrilla digital que derrota a los ejércitos convencionales de la propaganda estatal.

Esto es importante entenderlo porque explica por qué la izquierda y la vieja derecha están tan nerviosas. Ellos juegan con las reglas antiguas: creen que todavía puedes ganar elecciones con *spots* en *prime time*, con debates amañados, con editoriales de prensa. Pero el votante joven ya no ve la televisión, no compra periódicos, ni siquiera escucha la radio. Vive en TikTok, en Instagram, en Twitch, en Telegram. Si no estás ahí, no existes. Y estar ahí no significa abrir una cuenta y colgar el mismo panfleto que ya nadie lee. Estar ahí significa hablar el lenguaje de esa cultura. Y ese lenguaje es el meme, el vídeo corto, el *shitposting*, la ironía.

El *shitposting*, en concreto, merece una reflexión más profunda. Los *boomers* lo ven como ruido, como basura. Y en parte lo es: memes absurdos, imágenes deformadas, frases sin sentido. Pero esa es la clave: el *shitposting* destruye la solemnidad del discurso oficial. Cuando los progres quieren dar una lección moral, el *shitposting* lo revienta con una imagen grotesca que se burla de todo. Es el equivalente digital a un grafiti que destroza el póster electoral del *establishment*. Y funciona porque conecta con el sentimiento más básico de internet: la irreverencia.

Internet no premia al que se toma demasiado en serio a sí mismo. Premia al que rompe las reglas, al que se ríe, al que exagera. Y eso es lo que la izquierda jamás podrá entender, porque su identidad entera se basa en la superioridad moral. Necesitan dar sermones, necesitan ser los profesores de la sociedad. Pero, en internet, los profesores aburren. Nadie comparte un panfleto moralista, todos comparten un meme que hace reír. Por eso el *shitposting* es dinamita contra el discurso progresista: los desnuda, los ridiculiza, los deja sin armas.

Los vídeos cortos, además, están creando un fenómeno aún más peligroso para el *establishment*: el político memetizable. Ya no importa lo que digas en un debate, importa cómo quedas en un clip de diez segundos. Una caída, una metida de pata, un gesto ridículo, todo puede ser convertido en un vídeo viral que te perseguirá durante años. Y ahí está el nuevo campo de batalla: el político que sabe generar clips potentes gana; el que se limita a recitar un discurso eterno pierde.

Los *youtubers* y *streamers*, por su parte, han convertido la política en una conversación de bar, pero con millones de espectadores. Eso es devastador para la prensa tradicional, porque ellos se presentaban como los mediadores exclusivos entre el político y el ciudadano. Hoy ya no hace falta. Un político puede ir al canal de un *streamer* y hablar directamente con su audiencia, sin filtros, sin cortes, sin titulares manipulados. Y además en un ambiente más distendido, más humano, donde la gente lo percibe auténtico. El *streamer* reemplaza al periodista porque conecta de verdad con su comunidad. Y esa conexión es oro propagandístico.

Lo paradójico es que muchos de estos *streamers* ni siquiera son políticos, ni pretenden serlo. Pero tienen un poder político gigantesco porque moldean la opinión de sus audiencias. Si un Ibai, un Jordi Wild, un *streamer* cualquiera decide ridiculizar a un político, ese político queda marcado. Si deciden invitarlo y darle espacio, lo legitiman. Y todo eso al margen del viejo cártel mediático, que ya no tiene el monopolio de la agenda.

En los foros sucede algo parecido, pero en formato anónimo. Los foros son la fábrica subterránea de ideas, el laboratorio donde se cocinan los memes antes de que lleguen al *mainstream*. Ahí nacieron muchos de los símbolos de la *alt-right*, ahí se fraguó la cultura de la ironía, ahí se ridiculizó al *establishment* mucho antes de que los medios se dieran cuenta. Y lo increíble es que lo hacen sin dinero, sin poder institucional, solo con ingenio colectivo. Los foros son la imprenta clandestina del siglo XXI, y de ellos salen armas meméticas que luego dominan la conversación pública.

Todo esto apunta a una realidad que los políticos y periodistas tradicionales todavía no asimilan: el poder se ha descentralizado. Ya no está en las redacciones ni en los ministerios, está en miles de usuarios repartidos por el mundo que crean y difunden memes, vídeos y mensajes virales. Y eso los desespera porque no lo pueden controlar. No hay un botón que apagues. No puedes censurar un meme, porque al minuto alguien lo sube otra vez. No puedes frenar un vídeo viral, porque ya está en mil grupos de WhatsApp. La propaganda digital es como el agua: se filtra por todas partes, siempre encuentra una grieta.

La prueba más clara de esta impotencia es la obsesión del *establishment* con la censura. Como no pueden competir en ingenio, intentan apagar las voces disidentes a golpe de algoritmo, baneo y desmonetización. Pero eso tampoco funciona, porque el usuario encuentra nuevas plataformas, nuevos formatos, nuevas formas de burlar el control. El meme es inmortal porque siempre habrá alguien dispuesto a reírse del poder. Y mientras exista humor, existe resistencia.

Los *boomers* siguen convencidos de que están al mando, pero lo único que les queda es gritar desde sus periódicos vacíos que «los jóvenes están desinformados por internet». Lo que en realidad significa es que ya no se creen su relato. Y lo que viene es aún peor para ellos: nuevas generaciones que han crecido en un ecosistema donde el meme es el lenguaje natural, donde los vídeos cortos son más relevantes que los telediarios, donde un *streamer* es más influyente que un periodista.

El boomerato está más desconectado que nunca. Son como aquel que aún imprime los correos para leerlos en papel. No entienden que la guerra ya cambió, que las armas ya no son carteles ni titulares, que la batalla se libra en *timelines* y chats. Y lo gracioso es que ni siquiera tienen soldados: su ejército está formado por tertulianos aburridos, editorialistas que ya nadie lee y políticos que creen que estar en TikTok es grabar un mensaje institucional con corbata. Mientras tanto, la otra parte dispara ráfagas de memes, *shitposts*, vídeos virales y directos que arrasan en audiencia. La diferencia es abismal.

Lo que poca gente quiere reconocer es que los memes ya no son solo un fenómeno cultural, son un arma geopolítica. Pensemos en Rusia, China, Estados Unidos. Todos saben que las guerras modernas no se ganan solo con tanques, se ganan con narrativas. Y los memes son misiles que atraviesan fronteras sin necesidad de visados. Rusia fue acusada de haber intervenido en las elecciones estadounidenses de 2016 con campañas digitales en Facebook que usaban memes para dividir a la población. China tiene un ejército digital de trols que se dedica a inundar redes internacionales con mensajes disfrazados de chistes y humor absurdo. Occidente, por su parte, intenta hacer campañas institucionales de memes, y fracasa porque el Estado nunca podrá imitar la espontaneidad del caos digital.

Un meme puede servir como consigna, como contraseña compartida, como estandarte de lucha. El *shitposting* político no solo ridiculiza al adversario, también sirve como pegamento para movimientos enteros. Y lo curioso es que muchas veces empieza como una broma que nadie toma en serio, hasta que se convierte en identidad colectiva.

Esto nos lleva a otro fenómeno: la profesionalización del meme. Lo que antes era un chaval aburrido en su cuarto hoy empieza a ser una industria. Existen granjas de memes, equipos organizados de *shitposters* que funcionan como brigadas digitales. Lo hemos visto en campañas de partidos emergentes: voluntarios que se coordinan en Telegram para lanzar memes en avalancha contra un adversario. Lo hemos visto también en Gobiernos que financian operaciones encubiertas para llenar redes de contenido disfrazado de espontáneo. La guerrilla digital está mutando en ejército, y eso abre otro capítulo de la propaganda moderna.

La tecnología lleva todo esto a otro nivel. Si hoy los memes ya son un arma poderosa, imaginemos cuando se combinan con inteligencia artificial. Los *deepfakes*, por ejemplo, ya permiten crear vídeos hiperrealistas de políticos diciendo cosas que nunca dijeron. Y si los combinas con la lógica viral de un meme, el resultado es devastador. No importa que luego se demuestre que era falso: el daño ya estará hecho. El futuro de la propaganda no será convencer con argumentos, será inundar las redes con imágenes tan impactantes que se quedarán grabadas en el inconsciente colectivo aunque sean inventadas.

Hay que entender que los memes no solo influyen en la política electoral, también sabotean la cultura. Ridiculizan a figuras intocables, destruyen tabúes, cuestionan dogmas. Un meme puede hacer más daño a una ideología que una biblioteca de ensayos en su contra. La cultura woke, por ejemplo, que se presenta como seria e intocable, se ha visto destrozada por memes que ridiculizan su moralismo exagerado. Cada vez que un meme muestra la incoherencia de una medida progresista, la autoridad moral del progresismo se erosiona. El humor destruye lo que la razón ya no alcanza a discutir porque lo prohíben.

El futuro apunta a que esta guerra digital solo se intensificará. La combinación de inteligencia artificial, memes, vídeos cortos y algoritmos creará un campo de batalla permanente donde la atención será el recurso más codiciado. Los políticos del mañana no serán solo ideólogos ni gestores: serán creadores de contenido. El que domine la narrativa digital tendrá el poder, aunque carezca de estructura partidista clásica. Los partidos que no se adapten a esta lógica desaparecerán. El boomerato que aún imprime periódicos será un recuerdo de museo, como las viejas radios de válvulas.

Lo más inquietante es imaginar qué pasará cuando las propias plataformas decidan jugar activamente en este tablero. Si TikTok,

Instagram o YouTube ya moldean lo que vemos con sus algoritmos, ¿qué ocurrirá cuando empiecen a filtrar sistemáticamente qué memes pueden circular y cuáles no? Estamos ante una paradoja: la herramienta más libre y espontánea de propaganda puede ser domesticada si se le pone correa. Por eso la batalla por la libertad digital es inseparable de la batalla por los memes. Defender el humor irreverente es defender la última trinchera contra el totalitarismo blando.

Y aunque suene apocalíptico, hay algo esperanzador: el humor siempre encuentra grietas. Por mucho que intenten censurar, prohibir o regular, siempre habrá alguien que se ría del emperador desnudo. Y ese alguien, con un simple meme, puede desarmar todo el aparato propagandístico del poder. Lo que un día fue un grafiti en la pared hoy es un *shitpost* en Twitter; mañana será un *deepfake* viral en Telegram. La esencia es la misma: la risa como arma contra el miedo.

El formato *podcast*, los medios digitales y el periodismo ciudadano

Si hay un formato que simboliza el entierro del viejo periodismo y la aparición de una nueva era, ese es el *podcast*. Lo que al principio parecía un pasatiempo para frikis que grababan conversaciones en su casa, hoy se ha convertido en el espacio más influyente de la opinión pública.

Y no lo digo yo, lo dicen los números: millones de oyentes diarios, audiencias que superan a los grandes programas de radio, invitados que jamás irían a una tertulia televisiva, pero sí se sientan en un *podcast* durante tres horas. La ironía es brutal: los medios tradicionales, que se reían de estos formatos por *amateurs*, hoy tiemblan porque esos *amateurs* les han robado el público, la credibilidad y, sobre todo, el poder de marcar la agenda.

La clave del *podcast* es la libertad. En un *podcast* no hay cortes publicitarios cada diez minutos, no hay un director que te diga lo que puedes preguntar, no hay miedo a incomodar al político de turno. El *podcast* es una conversación real, sin filtro, donde un invitado puede hablar tres horas y ser escuchado de principio a fin.

Ese es el gran atractivo: la gente está harta de titulares de veinte segundos manipulados, quiere escuchar la historia completa sin manipulaciones ni encerronas. Y cuando escuchas a alguien durante horas, conoces su verdad mucho mejor que en un corte de telediario. Por eso la gente confía más en un *podcast* que en un editorial. Porque ahí se respira autenticidad y se sabe que verdaderamente es un espacio de libertad.

Lo que los viejos medios nunca entendieron es que el tiempo no es el problema, es la forma. La televisión redujo la política a frases cortas porque supuestamente la gente no tenía paciencia. El *podcast* demostró lo contrario: la gente sí tiene paciencia si lo que escucha es interesante y honesto. Se pueden tragar tres horas de conversación si perciben que ahí no hay trampa y se tratan temas cercanos a la ciudadanía.

Mientras tanto, los programas tradicionales pierden oyentes porque nadie soporta su guion forzado, sus preguntas pactadas, sus tertulianos gritando como loros domesticados. El contraste es tan brutal que la fuga de audiencias era inevitable.

El éxito de los *podcasts* va de la mano del auge de los medios digitales independientes. Ya no hacen falta redacciones gigantes ni rotativas millonarias. Hoy un pequeño equipo con una cámara, un micrófono y un canal en YouTube puede alcanzar a millones de personas. Y lo más importante: puede hacerlo sin venderse a ningún ministerio ni a ninguna gran empresa. La independencia es el nuevo valor que el ciudadano busca. Prefieren apoyar con donaciones a un medio pequeño pero libre que leer gratis a un periódico vendido al Gobierno. La reputación hoy se mide en independencia, no en tamaño.

El periodismo ciudadano en X es la otra pata de este cambio. X, antes Twitter, se ha convertido en la redacción más grande y desorganizada del planeta. Ahí se comparte la información en tiempo real, desde el lugar de los hechos, por gente común que no tiene nada que ganar más que contar lo que ve. Y ese es precisamente el secreto de su credibilidad: no están atados a intereses, no tienen un jefe que les diga qué omitir; simplemente muestran lo que pasa. La primera foto de un atentado, el vídeo de una manifestación, la grabación de una injusticia policial: todo aparece en X antes que en cualquier telediario. Los medios quedaron reducidos a comentar lo que ya circula en redes, siempre con retraso, siempre maquillando. Y además las redes permiten el contraste de la información y la opinión libre de millones de usuarios.

La diferencia es abismal. Un telediario tarda horas en producir una pieza de dos minutos con declaraciones oficiales. En X, en cuestión de segundos, puedes ver vídeos desde cien ángulos distintos, opiniones diversas, datos en bruto. El ciudadano ya no necesita esperar a las nueve de la noche, lo sabe todo al instante. Los periodistas tratan de menospreciar esto como «ruido», pero en realidad es libertad informativa. Prefieren mil veces que la gente dependa de su relato único que aceptar que la verdad es caótica, plural y difícil de controlar. Y por eso odian tanto a X: porque les quitó el monopolio.

Lo curioso es cómo intentaron adaptarse y fracasaron. Muchos medios abrieron cuentas en X, pero las usan como tablón de anuncios para repetir sus titulares. No entienden que la dinámica de la red no es soltar un comunicado, es interactuar, debatir, recibir críticas. No soportan el escrutinio ciudadano. En su torre de marfil estaban acostumbrados a hablar y que nadie pudiera replicarles. En X, cada mentira es corregida, cada manipulación es ridiculizada, cada titular tendencioso recibe un alud de respuestas que los dejan en evidencia. Para unos egos tan frágiles, eso es insoportable.

El periodismo ciudadano en X es el mejor antídoto contra la manipulación porque no depende de la estructura de poder. Cualquiera puede ser periodista si está en el sitio adecuado en el momento adecuado. Y ese «cualquiera» muchas veces aporta más a la verdad que todos los corresponsales pagados por los medios. El vídeo de un vecino en un incendio, el relato de un ciudadano en una protesta, la captura de pantalla de un documento oficial filtrado. Esa información viaja más rápido y con más impacto que cualquier pieza editada. El periodismo ya no es un título universitario, es estar conectado y tener la voluntad de compartir.

Los *podcasts*, los medios digitales independientes y el periodismo ciudadano en X forman un ecosistema que deja en ridículo a los viejos medios. Porque son formatos que nacieron desde abajo, sin pedir permiso, sin esperar subvenciones, sin atarse a intereses. Y precisamente por eso ganaron la confianza de millones. Los periodistas tradicionales aún no entienden por qué los escuchan menos, por qué nadie lee sus editoriales, por qué sus portadas no marcan agenda. La respuesta es simple: porque la gente ya no confía en ellos, confía en la autenticidad de los nuevos formatos.

Lo más doloroso para la prensa tradicional es que ellos mismos facilitaron esta transición. Se creyeron intocables, abusaron de la confianza, manipularon sin pudor. Y cuando apareció una alternativa, el ciudadano se fue sin mirar atrás. Hoy esa alternativa se llama *podcast*, se llama Instagram, se llama TikTok, se llama Telegram, se llama X. Son las plazas digitales donde la conversación real ocurre. Los medios quedaron reducidos a ruido de fondo, como la radio encendida en el taxi: algo que suena, pero que nadie escucha de verdad.

Lo que resulta fascinante del *podcast* es cómo recuperó algo que parecía perdido: la conversación. Durante décadas, la televisión y la radio habían convertido el debate público en una caricatura: tertulianos gritando, frases cortadas, tiempos cronometrados, bloques temáticos insípidos. Nadie escuchaba a nadie, todo era espectáculo vacío. El *podcast* cambió eso. De repente, podías sentarte a escuchar a dos, tres o cuatro personas hablando de un tema durante horas, con matices, con profundidad, con risas, con silencios. La política, la filosofía, la ciencia volvieron a ser interesantes porque volvieron a ser humanas.

Ese retorno a la conversación auténtica es lo que más daño ha hecho a los medios tradicionales. Ellos, que se autoproclamaban guardianes de la seriedad y el rigor, quedaron desnudos frente a un formato que con menos medios ofrecía más calidad. Porque la calidad no se mide en decorados de televisión ni en corbatas, se mide en sinceridad. Y el *podcast*, al estar libre de los corsés mediáticos, se convirtió en un refugio de sinceridad. Invitados que jamás se atreverían a hablar abiertamente en televisión se abren en un *podcast* porque saben que ahí no los van a cortar ni a manipular. Y esa diferencia se nota.

Los medios digitales han creado también una nueva élite de comunicadores. No son los viejos periodistas con un diploma en la pared, son creadores que entienden cómo funciona internet, que saben hablar a cámara, que manejan memes, que conectan con la audiencia. Su poder no proviene de un cargo ni de una institución, proviene de su comunidad. Esa es la clave: ya no dependes de que un periódico te contrate o que una televisión te dé espacio, dependes de que la gente te quiera escuchar. Y si la gente te respalda, nadie te puede parar.

Esto explica por qué cada vez más políticos buscan aparecer en *podcasts* o en canales digitales. Saben que ahí está la audiencia y, sobre todo, saben que ahí pueden mostrarse sin el filtro tóxico de los medios tradicionales. En un telediario, un político es reducido a diez segundos y un titular manipulado. En un *podcast*, puede exponer sus ideas durante una hora y conectar con el público de forma mucho más natural. Esa diferencia es enorme. Y por eso cada vez más campañas políticas se deciden no en platós de televisión, sino en conversaciones digitales.

La cercanía es otro elemento decisivo. El *podcast* y los medios digitales transmiten la sensación de estar hablando con alguien como tú. El oyente siente que está en la misma mesa, que forma parte de la charla. Esa ilusión de cercanía genera un vínculo mucho más fuerte que el que podía dar un presentador encorbatado leyendo un *teleprompter*. Y ese vínculo es oro: es lo que convierte a los oyentes en comunidades leales, en gente que no solo consume contenido, sino que lo apoya, lo comparte y hasta lo financia. Los medios tradicionales jamás tuvieron eso porque siempre se colocaron en un pedestal.

Ejemplos sobran de cómo estos nuevos formatos superaron a los viejos en influencia real. Un clip de un *podcast* puede generar más debate nacional que todas las portadas juntas. Un hilo en

X desmontando un titular manipulado puede arruinar la credibilidad de un periódico en cuestión de horas. Una entrevista en Twitch puede ser vista por más jóvenes que cualquier telediario en *prime time*. Eso no es una anécdota, es un cambio de paradigma. La audiencia votó con sus ojos y con sus oídos, y votó en contra de los medios tradicionales.

La comunidad digital es el motor de todo esto. Los creadores independientes no tienen accionistas ni ministerios detrás, tienen comunidades que los sostienen. Patreon, donaciones, suscripciones: modelos que parecían imposibles hace años hoy son la base de su independencia. Y esa independencia se traduce en confianza. El oyente sabe que ese creador no está mintiendo para agradar a un político o a un banco, sabe que responde a su público. Y ese contrato de confianza es mucho más sólido que el que jamás tuvieron los medios.

Los periodistas tradicionales miran esto con desprecio. Siguen llamando *youtubers* a los nuevos comunicadores como si fuera un insulto, cuando en realidad es un título de honor. Porque ser *youtuber, streamer* o *podcaster* significa haber construido algo desde cero, haber conectado con miles o millones de personas sin que nadie te regalara un espacio. Eso es mérito, eso es talento, eso es trabajo. Lo otro es enchufe, es nómina, es obediencia a una línea editorial. La gente no es tonta: sabe distinguir entre quien se gana la vida por sí mismo y quien vive de venderse. Y por eso confían más en el primero.

Todo esto tiene una consecuencia inevitable: los medios tradicionales ya no marcan agenda. La agenda la marcan los clips virales, los hilos en X, las entrevistas digitales. Los medios pueden seguir creyendo que son los árbitros del debate público, pero ya no lo son. Son comentaristas secundarios de una conversación que ocurre en otro lugar. Y lo saben, por eso están rabiosos, por eso atacan tanto a los nuevos formatos, por eso lloran pidiendo regulación y censura. Porque perdieron el poder que más valoraban: la capacidad de decidir de qué habla la gente.

La política ya no se entiende sin estos nuevos formatos. Los partidos que aún dependen de telediarios y tertulias están condenados a hablar solos, en un desierto de indiferencia. Hoy las batallas políticas se libran en *podcasts*, en directos de Twitch, en entrevistas en canales de YouTube, en hilos virales de X. Ahí es donde se forman las opiniones, donde se consolidan los relatos, donde se gana o se pierde el voto joven. El que no entienda esto se convierte en fósil político. Y el que lo entiende puede multiplicar su influencia sin necesidad de gastar millones en campañas tradicionales.

Los políticos que mejor han sabido usar este terreno son los que han entendido que no necesitan intermediarios. Bukele no necesita un corresponsal extranjero que lo interprete, tiene sus propias redes para hablar directamente a millones. Milei no necesita el beneplácito de *Clarín* o de *La Nación*, tiene clips virales que llegan más lejos que cualquier portada. Trump nunca confió en el *New York Times* ni en CNN, usó Twitter como su altavoz principal y, cuando vio que depender de un tercero le hacía vulnerable, creó su propia red social Truth. Esa es la revolución: los nuevos líderes no negocian con los medios, los reemplazan.

Y eso genera un pánico brutal en el *establishment*. Están acostumbrados a controlar a los políticos a través de los medios. Si un presidente se salía del guion, los periódicos lo machacaban hasta disciplinarlo. Ahora esa palanca de control ya no existe. Los líderes fuertes pueden saltarse la prensa y hablar directo a la gente. Y lo hacen en plataformas que tienen efecto red, donde la comunidad multiplica cada mensaje hasta convertirlo en una ola imposible de detener. Esa pérdida de control es lo que aterra a los burócratas y a los medios viejos: ya no son los filtros, ya no son los dueños del micrófono.

El periodismo ciudadano es el gran enemigo del totalitarismo blando. Porque allí donde los medios tradicionales esconden, siempre hay un vecino, un manifestante, un usuario corriente que graba y sube la verdad. Esa descentralización hace imposible el monopolio. En regímenes autoritarios blandos, donde se gobierna más por propaganda que por violencia, la única forma de sostener el relato es controlar la información. Pero el periodismo ciudadano lo dinamita. Cualquier ciudadano con un móvil puede destruir la narrativa oficial en segundos. Y cuando eso se viraliza, no hay censura que lo detenga.

Esto explica por qué el poder está obsesionado con la palabra *fake news*. Porque bajo esa etiqueta meten todo lo que no controlan. Si un ciudadano graba un abuso policial y lo sube a X, no dicen «información incómoda», dicen «posible *fake news*». Si un creador independiente cuestiona las cifras oficiales, no dicen «debate legítimo», dicen «desinformación peligrosa». El término *fake news* es la coartada perfecta para censurar todo lo que erosiona su monopolio. Y lo más grotesco es ver a periodistas pidiendo censura, como si no entendieran que eso es pegarse un tiro en el pie.

Otro punto clave es la diferencia entre viralidad espontánea y campañas fabricadas. Los medios tradicionales creen que todo lo que circula en internet está fabricado, que nada surge de verdad. Pero lo que los destruye es precisamente lo contrario: que los memes, los clips, los hilos que más daño les hacen nacen de forma espontánea. Nadie los paga, nadie los organiza; son fruto de una comunidad harta que encuentra en el humor y en la exposición directa su forma de resistencia.

Esa espontaneidad es imposible de replicar desde un ministerio o desde un periódico subvencionado, por eso fracasan cada vez que intentan imitarla.

El futuro de todo esto apunta a algo aún más radical. La descentralización hará que ni siquiera las *big tech* puedan controlar por completo la conversación. Plataformas alternativas, redes distribuidas, herramientas basadas en *blockchain*...: todo se está moviendo hacia un ecosistema donde la censura será mucho más difícil. Y en ese entorno, los medios tradicionales quedarán reducidos a museos. Serán las nuevas comunidades digitales las que asuman el papel de redacciones, funcionando como enjambres que producen y distribuyen información a una velocidad imposible para un periódico viejo.

La inteligencia artificial también jugará un papel clave. Lo que hoy un creador independiente hace con esfuerzo, mañana podrá hacerlo con IA en segundos. Generar clips, transcribir *podcasts*, crear resúmenes, subtítulos, análisis; todo al instante. Eso multiplicará la capacidad de los medios digitales pequeños para competir con gigantes. Un ciudadano solo, con un ordenador y herramientas de IA, podrá hacer lo que antes requería decenas de periodistas. La democratización de la producción informativa será total. Y en ese escenario, ¿qué lugar quedará para los medios tradicionales? Ninguno. Porque ellos ya no tienen credibilidad ni confianza, y sin eso son irrelevantes.

El *establishment* lo sabe. Sabe que está perdiendo no solo la reputación, sino el poder de moldear la realidad. Y su reacción es la histeria: pedir censura, llorar por la desinformación, demonizar a los nuevos formatos. Pero es un grito desesperado, porque la batalla ya está decidida. El ciudadano eligió *podcasts*, medios digitales y periodismo ciudadano porque ahí encontró lo que la prensa de siempre traicionó: verdad, autenticidad, libertad.

La era de la incorrección política

Durante años nos metieron a cucharadas la idea de que el político debía ser un ser perfecto, sin aristas, sin defectos, con la sonrisa de catálogo y las frases masticadas por un equipo de comunicación. Era la época dorada de la corrección política, ese invento del progresismo que convirtió la política en una especie de teatro artificial donde lo más importante no era lo que se decía, sino cómo se decía. Había que medir cada palabra, evitar cualquier ofensa, usar eufemismos ridículos para que nadie se molestara.

Se creó un lenguaje en el que no se podía llamar a las cosas por su nombre: no había ilegales, había «personas en tránsito»; no había delincuentes, había «jóvenes en riesgo»; no había fracasos, había «desafíos», no había «magrebíes», había jóvenes. Una neolengua digna de Orwell que no describía la realidad, la maquillaba.

La corrección política fue una herramienta de control. Si controlas el lenguaje, controlas el pensamiento. Y durante un tiempo funcionó. Los políticos hablaban como robots programados para no decir nada real. Los medios aplaudían ese tono solemne y los ciudadanos lo aceptaban porque no había alternativa. El político corporativo era el estándar: traje impecable, sonrisa falsa, discurso vacío. El votante mayor, acostumbrado a respetar las formas, compraba esa imagen. Les preocupaba más las formas que el contenido. Preferían al gestor aburrido y previsible antes que al líder auténtico y visceral.

Pero algo cambió. Las nuevas generaciones empezaron a hartarse de esa farsa. Vieron que detrás de la corrección política no había ética, había hipocresía. Que los mismos que te hablaban de tolerancia luego se reían de ti en privado. Que los que te vendían ejemplaridad eran los primeros en acumular privilegios y despilfarrar dinero público. La corrección política se convirtió en sinónimo de falsedad, y, cuando se rompe la confianza, lo que se valora es lo contrario: la incorrección.

Así empezó la era de la incorrección política. La gente ya no quiere líderes perfectos, quiere líderes auténticos. Prefiere a alguien que se equivoque, que se caliente, que diga tacos, que suelte visceralidades antes que a un maniquí de partido recitando frases de PowerPoint. La incorrección se volvió un valor porque transmite algo que la corrección jamás puede dar: sinceridad. Cuando un líder habla sin filtro, el ciudadano percibe que ahí hay verdad, aunque no esté de acuerdo en todo. Y esa percepción es mucho más poderosa que cualquier discurso de manual.

Ejemplos sobran. Trump fue el primero en demostrarlo a gran escala. Mientras todos los políticos hablaban como los CEO en traje, él salía con frases incendiarias, con insultos, con tuits viscerales. La prensa lo ridiculizaba, pero millones de personas pensaban: «Por fin alguien habla como hablamos nosotros». Lo mismo con Bolsonaro en Brasil, con Milei en Argentina, con Bukele en El Salvador. Líderes que no esconden su carácter, que no intentan ser políticamente correctos, que abrazan la incorrección como marca personal. Y lejos de hundirlos, eso los hizo crecer.

El contraste con los líderes corporativos es brutal. Los Macron, los Trudeau, los Sánchez, los Scholz…: todos parecen salidos de una agencia de *marketing*. Se visten igual, hablan igual, sonríen igual, piensan igual. Son intercambiables, productos fabricados en serie para representar al consenso socialdemócrata. Y, claro, a las nuevas generaciones eso les da asco. Ven en ellos a actores de un teatro decadente, no a líderes de verdad. Mientras tanto, los incorregibles arrasan porque, aunque los odies, al menos no parecen de plástico.

Aquí es donde entra la diferencia generacional. Los mayores crecieron en una cultura de respeto a la forma. Para ellos, un político que decía una grosería perdía toda autoridad. Preferían la fachada de corrección porque les transmitía estabilidad. En cambio, los jóvenes crecieron en internet, un ecosistema donde la incorrección es la norma. En redes sociales todo es sarcasmo, ironía, memes, provocación. Para ellos, un político que habla como un manual corporativo es un extraterrestre. Valoran lo visceral porque es lo que consumen a diario. No buscan solemnidad, buscan autenticidad.

La incorrección política es, en el fondo, una rebelión contra la hipocresía. Es decir: «prefiero que me insultes en la cara a que me sonrías mientras me apuñalas por la espalda». Y eso lo entiende cualquiera que haya vivido la farsa de la corrección política. Durante años nos vendieron líderes ejemplares que luego robaban, mentían, abusaban del poder. Ahora preferimos líderes con defectos visibles, pero que no esconden lo que son. La incorrección es la vacuna contra el cinismo del poder.

La incorrección política no solo se volvió un estilo de comunicación, se convirtió en un arma cultural. En un mundo saturado de discursos moralistas, el político incorregible es dinamita. Cada frase suya provoca escándalos en los medios, cada salida de tono se convierte en portada, cada declaración visceral desata tormentas en redes. Y ahí está la paradoja: lo que para los periodistas es un error, para la gente es una prueba de autenticidad. Cuanto más se escandalizan los medios, más crece la popularidad del líder incorregible. Es un círculo vicioso que el *establishment* aún no sabe romper.

La izquierda jugó muy mal esta partida. Durante décadas monopolizó el discurso cultural gracias a la corrección política. Convirtieron el lenguaje en un campo minado donde todo podía ofender. Se dedicaron a señalar, a cancelar, a imponer reglas absurdas de lo que se podía decir y lo que no. Al final, se transformaron en la policía del humor. Y, claro, cuando pierdes la capacidad de reírte de ti mismo, estás muerto en internet. La izquierda es hoy un chiste en la cultura digital porque se volvió solemne, aburrida, incapaz de generar memes potentes. Se indignan por todo y hacen de la ofensa su identidad.

En cambio, la derecha irreverente entendió el terreno. No tenía nada que perder, así que abrazó la incorrección como bandera. Empezaron a ridiculizar a la izquierda con humor, a usar memes como armas, a convertir la provocación en estrategia. Y los jóvenes, que viven en un ecosistema donde el humor negro, el sarcasmo y la ironía son el pan de cada día, conectaron de inmediato. No se identifican con el moralismo de los progres, se identifican con la irreverencia de quienes se ríen de ese moralismo. Por eso gran parte del auge de la *alt-right* se explica como una rebelión cultural contra la corrección política.

La incorrección funciona porque rompe la hipocresía del consenso. Cuando un líder suelta una frase brutal que los medios tachan de inaceptable, millones de ciudadanos piensan en silencio: «Es lo que todos sabemos, pero nadie se atreve a decir». Ese es el secreto. La incorrección no inventa nada, simplemente verbaliza lo que el ciudadano común percibe y calla. Y al hacerlo, rompe el muro del tabú. Eso es catártico. Porque durante años la corrección política convirtió muchas verdades incómodas en pensamientos prohibidos. Ahora que alguien las dice en público, la gente respira y se siente representada.

Los mayores, formados en otra época, suelen escandalizarse con esa crudeza. Creen que un líder debe dar ejemplo, ser moderado, encarnar la virtud. Pero los jóvenes, que ven cada día a *streamers* diciendo barbaridades en Twitch y a cuentas de memes ridiculizando a políticos, valoran otra cosa. Para ellos la incorrección no es escándalo, es entretenimiento. Un político que habla como un *streamer* conecta más con un chaval de veinte años que el político trajeado que parece sacado de una fábrica de maniquíes. Es así de simple: la autenticidad manda.

La incorrección también sirve como escudo contra la manipulación mediática. Cuando un político juega al estilo corporativo, basta con un titular manipulado para hundirlo. Pero cuando un político ya es incorrecto por definición, las críticas pierden efecto. Si alguien suelta tacos a diario, no lo puedes hundir sacando un vídeo donde dice un taco. Si alguien se presenta como visceral, no puedes hundirlo mostrando que se enfada. La incorrección inmuniza contra el escándalo fabricado. Es un blindaje cultural.

Esto lo hemos visto una y otra vez. A Trump lo intentaron tumbar cada semana con titulares sobre sus frases ofensivas. Y, sin embargo, esas frases reforzaban su imagen de tipo auténtico que no le tiene miedo al qué dirán. A Milei lo llamaron loco, gritón, desequilibrado. Y cada insulto mediático lo hacía crecer más, porque lo alejaba del molde corporativo que la gente ya desprecia. Los incorregibles sobreviven porque son incorregibles: no puedes hundirlos con el arma que los define.

La incorrección política, lejos de ser un defecto, se volvió una virtud en la batalla cultural. Es la respuesta natural de una sociedad que se hartó de la mentira envuelta en celofán. Es preferir la verdad incómoda a la falsedad amable. Es preferir al líder que grita lo que piensas a solas antes que al que te sonríe mientras pacta tu ruina. Y eso, aunque escandalice a los mayores, es lo que hace que los jóvenes sientan que estos líderes les hablan de verdad.

Estrategias para resistir y contrarrestar la manipulación

A veces soy consciente de que nos impregna el pesimismo viendo el panorama actual. Viendo que la izquierda controla el lenguaje, los medios, las instituciones y la narrativa social. Que el ciudadano corriente no tiene forma de defenderse contra un aparato tan poderoso. Pero nada más lejos de la realidad. La fuerza del progresismo autoritario está en el miedo y la manipulación, y ambos se derrumban en cuanto la gente deja de tragarse el cuento. Tenemos una oportunidad histórica de tumbar su narrativa y poco a poco lo estamos consiguiendo frente al cártel mediático.

Para finalizar este libro me gustaría compartiros las tareas pendientes que considero que pueden ayudar en el avance de la batalla cultural contra todo este sistema perverso.

La primera tarea es **recuperar el lenguaje**. Si la izquierda ha robado palabras y las ha convertido en armas, nuestra misión es devolverles su verdadero significado. Fascismo no puede seguir siendo sinónimo de «todo lo que no me gusta». Debemos repetir hasta la saciedad que el fascismo fue un régimen concreto, histórico, irrepetible en sus condiciones. Y que llamar fascista a un liberal, a un conservador o a un disidente progresista no es solo una mentira, es una banalización peligrosa. Recuperar el lenguaje es el primer paso para desmontar la manipulación.

Algo parecido ocurre con el término machismo. Antes significaba la creencia en la superioridad del hombre sobre la mujer.

Algo condenable, evidente. Pero hoy «machista» se aplica a todo: a un chiste, a una opinión política, incluso a discrepar de una ley de género. Si dices que la custodia compartida es más justa, machista. Si cuestionas la ley del «solo sí es sí», machista. Si no aplaudes un discurso feminista, machista. Si señalas que el dinero del Ministerio de Igualdad se destina a que activistas vivan del cuento y no a solucionar problemas de las mujeres, machista. La palabra dejó de describir una conducta real para convertirse en un garrote político. El resultado: la gente teme hablar, porque cualquier cosa puede ser interpretada como machismo. Es la censura disfrazada de igualdad.

También ocurre con el término racista. Un término que debería estar reservado para actitudes de odio hacia personas por su raza. Pero hoy se usa para blindar políticas migratorias irresponsables. Si dices que un país no puede absorber millones de inmigrantes sin colapsar, racista. Si señalas que hay barrios convertidos en guetos por falta de integración, racista. Si hablas de delincuencia ligada a mafias extranjeras, racista. La palabra ya no busca describir discriminación real, busca silenciar el debate sobre fronteras, seguridad y soberanía.

El mismo cuento con la homofobia. En su sentido original, era el odio o rechazo hacia personas homosexuales. Hoy, basta con discrepar de cualquier medida del *lobby* LGBT para ser tachado de homófobo. Si opinas que los niños no deben ser adoctrinados sexualmente en las escuelas, homófobo. Si dices que un hombre no puede ser madre, homófobo. Si defiendes la libertad de un creyente a no comulgar con ciertas prácticas, homófobo. La palabra ya no describe odio, describe resistencia al dogma. Y eso es peligrosísimo, porque convierte a millones de personas sensatas en monstruos imaginarios.

Y si hay una palabra que han destrozado hasta la náusea, esa es democracia.

Democracia, en su sentido original, era el gobierno del pueblo, la capacidad de elegir y de cambiar a los gobernantes mediante elecciones libres. Hoy, democracia significa lo que a la izquierda le da la gana. Si gana la izquierda, es democracia. Si gana la derecha, es «una amenaza para la democracia». Si los ciudadanos votan algo que no gusta a Bruselas, es «populismo peligroso». Si el resultado es incómodo para el consenso, entonces «la democracia está en riesgo».

La palabra democracia ya no describe un sistema, describe un resultado favorable a los que se autoproclaman sus guardianes. Un Gobierno progresista que miente, manipula y pisotea derechos puede ser «muy democrático». Pero, si un partido conservador gana limpiamente las elecciones, de repente empiezan a sonar las alarmas: hay que «reforzar las instituciones», hay que «proteger la democracia del extremismo». ¿Cómo? Censurando, limitando, excluyendo. Es decir, matando la democracia en nombre de la democracia.

Lo más perverso es que ahora se habla de «democracias iliberales» para deslegitimar a países que votan lo que no encaja en el dogma progresista. En Hungría, en Polonia, en cualquier lugar donde los ciudadanos deciden otra cosa, ya no se dice que votaron distinto, se dice que «retroceden en democracia». Como si democracia fuera un set de políticas obligatorias y no un mecanismo para decidir.

Al final, «democracia» se ha convertido en un comodín. No significa gobierno del pueblo, significa «nuestro gobierno». Es una palabra usada como muro: si cuestionas al régimen, eres antidemocrático. Si criticas las instituciones capturadas por la izquierda, eres enemigo de la democracia. Y así se blindan. Ya no necesitas tanques ni dictadores, basta con controlar el diccionario: conviertes democracia en un sello de aprobación exclusivo para ti y en un arma de ataque contra todos los demás.

El problema de fondo es que la palabra **democracia** ya no se usa como un concepto político, sino como un sello de aprobación moral. Para la izquierda, democracia no significa urnas, reglas claras y respeto a los resultados. Democracia significa «lo que me gusta». Y todo lo que no me gusta es, por definición, «antidemocrático».

Si un Gobierno sube impuestos, expande el Estado y aplica la agenda progresista, eso es democracia. Pero si un Gobierno baja impuestos, protege fronteras o recorta burocracia, aunque haya ganado con los mismos votos, eso es «antidemocrático». Si la gente sale a la calle a apoyar una causa de izquierda, es «manifestación democrática». Si sale a protestar contra el Gobierno, es «golpismo». Si los jueces fallan en una dirección progresista, son «garantes de la democracia». Si fallan en contra, son «un peligro para la democracia».

Es un marco perverso, porque convierte la democracia en un término vacío, un cajón de sastre que solo significa «lo que yo apruebo». Y como nadie quiere ser tachado de antidemocrático, esta manipulación les da un poder brutal. Cada vez que quieren deslegitimar algo, no necesitan discutirlo: basta con decir que es «un ataque a la democracia».

Miremos casos concretos: cuando Orbán gana elecciones limpias en Hungría, la UE lo acusa de «retroceso democrático». Cuando Milei arrasa en Argentina, la prensa internacional habla de «amenaza para la democracia». Pero cuando Maduro monta farsas electorales en Venezuela, aún hay quienes hablan de «procesos democráticos con irregularidades». Es un doble rasero tan descarado que solo se explica porque la palabra dejó de significar lo que significaba. Democracia ya no es el sistema, es el resultado que les gusta.

Y esta trampa no se limita a Gobiernos. También se aplica a la vida cotidiana. Una empresa que adopta la agenda woke está «comprometida con la democracia». Una universidad que cancela conferencias incómodas está «defendiendo la democracia». Un medio que censura opiniones críticas está «protegiendo la democracia frente a la desinformación». En este contexto, democracia no es libertad, es obediencia.

La conclusión es clara: han convertido democracia en un comodín semántico. Un término que funciona como un botón mágico: lo aprietan cuando quieren legitimar algo propio o demonizar algo ajeno. Y mientras no desmontemos esta manipulación, el debate público seguirá amañado. Porque en un tablero donde «democracia» es todo lo que ellos dicen y «antidemocrático» todo lo que los desafía, nunca habrá discusión real: siempre será un monólogo disfrazado de pluralidad.

Por eso insisto: recuperar el lenguaje no es un capricho académico, es una cuestión de supervivencia. Porque cuando «fascismo», «machismo», «racismo», «homofobia» y «democracia» significan lo que el poder dice que significan, entonces el debate está amañado desde el principio. No hablamos con libertad, hablamos con grilletes.

El que controla las palabras controla la realidad. Y mientras la izquierda sea dueña del diccionario, nunca dejaremos de jugar en un tablero manipulado. La primera revolución que necesitamos no es política, es lingüística.

En todos los casos, el patrón es el mismo: palabras que antes describían realidades objetivas se convierten en armas subjetivas. Ya no importan los hechos, importa la etiqueta. Y una vez te han puesto la etiqueta, estás fuera del debate. La izquierda no gana con argumentos, gana con diccionarios adulterados.

Por eso digo que recuperar el lenguaje es la primera tarea. No podemos permitir que las palabras sigan secuestradas. Hay que repetir sin descanso que fascismo es fascismo, que machismo es machismo, que racismo es racismo, que homofobia es homofobia. Que las palabras tienen significado y que ese significado no puede ser manipulado según convenga. Porque si perdemos el lenguaje, perdemos la capacidad de pensar libremente. Y sin pensamiento libre, la libertad política es imposible.

La segunda tarea es **romper el cerco del miedo**. El progresismo se alimenta de la autocensura, de ese silencio cobarde que convierte a millones de ciudadanos en cómplices pasivos. Por eso, cada vez que alguien se atreve a decir en voz alta lo que piensa, está dando un golpe al sistema. No hace falta ser un líder político ni un gran intelectual: basta con negarse a callar. Basta con responder cuando te llaman fascista, basta con no agachar la cabeza cuando te intentan cancelar. El miedo se vence hablando, porque cada voz que se suma anima a otra a hacer lo mismo.

Y esto no es un detalle menor: es la base de todo el andamiaje progresista. Su poder no descansa en tener la razón ni en convencer a las mayorías. Su poder descansa en que la gente tenga miedo de hablar. El progresismo se alimenta de la autocensura. No necesitan meterte en la cárcel, no necesitan ponerte una mordaza física: basta con que te calles tú solito. Basta con que pienses «mejor no digo nada, no vaya a ser que me llamen fascista, machista o negacionista». Basta con que bajes la cabeza en una cena de amigos cuando alguien suelta la consigna oficial y tú, para no incomodar, sonríes y cambias de tema. Ahí, en ese microsegundo de cobardía, es donde ellos ganan.

Y no nos engañemos: ese silencio cobarde convierte a millones de ciudadanos en cómplices pasivos. Porque cada vez que callas por miedo, refuerzas el relato oficial. Cada vez que tragas con una mentira sin discutirla, esa mentira gana fuerza. Cada vez que permites que alguien sea cancelado sin levantar la voz, les das más poder para que el siguiente seas tú.

Por eso, cada vez que alguien se atreve a hablar en voz alta, aunque sea en pequeño, está dando un golpe al sistema. No hace falta ser un gran intelectual ni un líder político: basta con negarse a callar. Basta con responder cuando te llaman fascista. Basta con mirar al que te quiere cancelar y decirle: «No me das miedo». Ese gesto individual tiene un efecto multiplicador, porque el miedo se vence hablando, y cada voz que se suma anima a otra a hacer lo mismo.

El progresismo construyó una cárcel invisible: no tiene barrotes, tiene etiquetas. Y esas etiquetas —fascista, racista, homófobo, machista, negacionista— son como perros guardianes que te ladran en cuanto te sales del guion. ¿El truco? Que los perros solo ladran detrás de la valla si tú huyes. Si les plantas cara, se asustan. Si les respondes, se desinflan. Ya sabes, como dice el refrán, perro ladrador poco mordedor. Porque todo su poder depende de que tú te calles.

El miedo se rompe con pequeñas rebeliones. El profesor que se atreve a discutir una idea absurda en clase. El periodista independiente que publica lo que todos piensan, pero nadie se atreve a decir. El padre que se niega a que adoctrinen a su hijo en el colegio. El chaval que sube un meme ridiculizando al dogma. Cada uno de esos gestos, por pequeño que parezca, dinamita el muro del miedo.

El progresismo odia la valentía individual porque sabe que es contagiosa. Una persona que habla anima a otra a hacerlo. Y otra más. Y otra. Hasta que el silencio colectivo se rompe y de repente descubres que no estabas solo, que millones pensaban lo mismo, pero callaban. Esa es la pesadilla del sistema: que la mayoría pierda el miedo a hablar al mismo tiempo.

La valentía no se mide en discursos de una hora, se mide en segundos de dignidad. El segundo en que decides no bajar la cabeza. El segundo en que dices lo que piensas sin pedir perdón. El segundo en que respondes a la etiqueta con una sonrisa y sigues adelante. Porque cuando el miedo se vence en uno, empieza a vencerse en todos.

La tercera tarea es **crear medios alternativos**. Los grandes periódicos, las televisiones tradicionales y muchas radios están perdidas, entregadas a la propaganda progresista. Pero el campo digital ofrece una oportunidad única. Internet permite que cualquiera pueda difundir ideas, organizar comunidades, construir narrativas alternativas. No es fácil, porque también allí la censura actúa, pero cada blog, cada canal, cada *podcast* que rompe el monopolio mediático es una grieta en el muro del pensamiento único. La batalla cultural se libra también en el terreno digital y hay que darla sin complejos.

Y aquí no hay medias tintas: o levantamos trincheras en el terreno digital o nos barrerán. Los grandes periódicos, las televisiones tradicionales y muchas radios ya no son medios, son simples altavoces del poder. Están zombificados, viven de la propaganda, del dinero público y de repetir el guion que les dictan desde arriba. No les queda alma ni credibilidad. Son como un teatro viejo donde los actores siguen moviéndose, pero el público ya se ha levantado y se ha ido a otro sitio.

Pero ahí está la oportunidad: el campo digital. Por primera vez en la historia, cualquiera puede convertirse en medio de comunicación. Con un canal de YouTube, con un *podcast*, con un simple blog, puedes llegar a más gente que un periódico entero. Puedes organizar comunidades, difundir ideas, construir narrativas. Y lo mejor: puedes hacerlo sin pedir permiso a los dinosaurios que controlaban antes el relato.

No digo que sea fácil. No lo es. También en internet hay censura, también hay algoritmos amañados, también hay intentos de silenciar lo que molesta. Pero cada blog, cada canal, cada cuenta de Twitter/X, cada *podcast* que rompe el monopolio mediático es una grieta en el muro del pensamiento único. Y basta con que esas grietas se multipliquen para que el muro se derrumbe.

El truco está en perder el complejo. Muchos aún piensan que, para plantar cara, necesitas un gran plató, una redacción con cien periodistas, un estudio de televisión. Error. Hoy un chaval con un micrófono barato y un canal de Twitch puede tener más influencia que un editorial de *El País*. Hoy un vídeo grabado con el móvil en el salón de tu casa puede tumbar un relato oficial repetido por todos los telediarios. Lo que da fuerza no es el presupuesto, es la autenticidad. La gente ya no confía en los medios vendidos, confía en la voz que siente cercana, honesta, sin filtros.

Por eso la creación de medios alternativos no es un lujo, es una obligación. No basta con criticar a la prensa oficial, hay que construir la nuestra. No basta con quejarnos de Netflix, hay que producir nuestros contenidos. No basta con señalar la manipulación, hay que generar información real y libre. Esta es la guerra cultural, y se libra también en el terreno digital. El que no esté dispuesto a darla está condenado a perderla.

Los progresistas saben que aquí está su punto débil. Por eso invierten tanto en censura, en *fact-checkers*, en leyes contra los «bulos». Porque cada vez que nace un medio alternativo auténtico, su monopolio se tambalea. Lo odian porque no lo controlan, porque no lo pueden comprar con subvenciones, porque su única lealtad es con la comunidad que lo sigue.

Y aquí viene lo más importante: no hace falta ser gigante para incomodar al sistema. Un canal pequeño puede ridiculizar a un ministro con un clip viral. Un blog independiente puede exponer datos que ningún periódico se atreve a publicar. Un meme compartido millones de veces puede hacer más daño que cien portadas de un diario comprado. Lo digital ha nivelado el terreno de juego: el poder mediático ya no depende del tamaño, depende de la valentía de decir lo que otros callan.

Así que la tercera tarea es clara: hay que crear medios alternativos, hay que alimentarlos, hay que apoyarlos, hay que difundirlos. Porque cada voz independiente es un recordatorio de que el relato oficial no es la única versión. Y porque cuando esas voces se multiplican, ya no pueden silenciarlas a todas.

La batalla cultural no se gana desde el sofá criticando lo mal que está la tele. Se gana entrando en el terreno digital, con ideas, con humor, con valentía, con constancia. Se gana sabiendo que no luchamos solos, que cada canal, cada *podcast*, cada creador forma parte de un ejército disperso pero imparable. Y, sobre todo, se gana sin complejos. Porque la verdad no necesita disfrazarse, solo necesita que alguien la diga en voz alta.

La cuarta tarea es **defender la pluralidad real**. No se trata de construir otro pensamiento único, sino de recuperar el valor del debate. Eso implica exigir que en las universidades se escuchen todas las voces, que en los medios haya verdadera diversidad, que en la política se respeten todas las opciones democráticas. La pluralidad no es aceptar solo lo que nos gusta, sino reconocer que una sociedad libre necesita confrontación de ideas. La izquierda no entiende esto, pero nosotros sí debemos defenderlo: no se trata de callar al progresismo, sino de impedir que callen al resto.

La pluralidad es como el oxígeno de la democracia: invisible pero imprescindible. Y hoy estamos asfixiados. El progresismo repite la palabra «pluralidad» como un mantra, pero lo que defienden en la práctica no es pluralidad, es uniformidad. Una uniformidad disfrazada de colores, de cuotas, de diversidad estética. Te ponen a una mujer, a un gay, a un inmigrante y a un ecologista en la misma mesa de debate, pero todos dicen exactamente lo mismo. Eso no es pluralidad, eso es un decorado multicultural al servicio de un pensamiento único.

Defender la pluralidad real significa justo lo contrario: aceptar la confrontación de ideas. Entender que la sociedad libre no se construye sobre un monólogo, sino sobre un diálogo. Y que el debate no siempre va a ser cómodo, porque la verdad incomoda. Pero sin esa incomodidad, lo que tenemos no es libertad, es un catecismo.

Empecemos por las universidades, que se suponían templos del pensamiento crítico. Hoy muchas son más bien fábricas de adoctrinamiento. Conferencias canceladas, profesores perseguidos, alumnos señalados por opinar distinto. ¿Pluralidad? Ninguna. El progresismo ha colonizado las aulas y se siente dueño de la palabra «ciencia», como si solo ellos pudieran definirla. Los mismos que no saben definir qué es una mujer se hacen galantes de la ciencia y la razón. Defender la pluralidad real significa exigir que todas las voces tengan espacio, incluso —y sobre todo— las que incomodan al dogma oficial. Si no hay debate, no hay conocimiento: hay propaganda.

Pasemos a los medios. Aquí la trampa es todavía más grotesca. ¿Pluralidad en televisión? Una mesa con cinco tertulianos que se interrumpen y se insultan, todos dentro del mismo consenso progre. Alguno quizá con traje más conservador, pero con el mismo guion. Es como ver un combate de boxeo amañado, donde los dos luchadores pactan de antemano no darse golpes reales. La pluralidad mediática está muerta, porque el pensamiento único compra y premia a los dóciles. Defender la pluralidad real implica exigir que haya verdaderos debates, con voces incómodas, con argumentos distintos, sin miedo a que alguien rompa el relato oficial.

En la política, el panorama es igual de triste. Se nos llena la boca con la palabra democracia, pero luego se levantan cordones sanitarios para excluir a partidos enteros. Es decir: tu voto vale, pero solo si votas dentro del consenso. Y si eliges otra opción, de repente ya no eres demócrata, eres extremista. Pluralidad de boquilla, uniformidad en la práctica. Defender la pluralidad real significa respetar todas las opciones democráticas, incluso aquellas que nos disgustan. Porque la democracia sin confrontación de ideas es una farsa.

Lo que diferencia nuestra visión de la de la izquierda es algo fundamental: nosotros no queremos callarlos a ellos, queremos que no callen al resto. No se trata de silenciar al progresismo, sino de impedir que ellos silencien a los demás. Ellos no soportan el debate porque saben que, sin censura, sus dogmas se caen solos. Nosotros, en cambio, debemos reivindicar el debate como un valor en sí mismo, aunque sea incómodo, aunque sea duro. La pluralidad no es aceptar solo lo que nos gusta, es tener el coraje de escuchar también lo que nos desafía.

Una sociedad libre no es aquella donde todos piensan igual, sino aquella donde nadie tiene miedo a pensar distinto. Por eso, la cuarta tarea es clara: recuperar el valor de la pluralidad real. Defender que todas las voces se escuchen. Que las universidades vuelvan a ser foros de conocimiento y no iglesias ideológicas. Que los medios vuelvan a ser espacios de debate y no de catequesis. Que la política vuelva a representar la diversidad real de los ciudadanos y no el monopolio de una élite.

El progresismo no entiende esto porque no cree en la pluralidad. Cree en el pensamiento único con disfraces de colores. Pero nosotros sí debemos entenderlo: porque si renunciamos a la pluralidad, habremos perdido algo mucho más importante que una elección o un debate. Habremos perdido la libertad misma.

La quinta estrategia es **desenmascarar la manipulación con ejemplos concretos.** Nada tiene más fuerza que mostrar la hipocresía en acción. Cada vez que la izquierda censure, cada vez que justifique la violencia, cada vez que manipule el lenguaje, hay que señalarlo. No con timidez, sino con contundencia. La gente necesita ver el doble rasero para darse cuenta de la trampa. Y cuando lo ve, cuando comprende que está siendo engañada, empieza a liberarse del miedo.

Aquí no basta con grandes discursos ni con análisis sesudos. La izquierda vive de disfrazar la realidad con palabras bonitas, y la forma más efectiva de tumbar su relato no es discutirlo en abstracto, sino mostrar su hipocresía en acción. Nada tiene más fuerza que el ejemplo concreto. Un hecho que cualquiera pueda ver, una contradicción que se explique sola, un doble rasero tan evidente que hasta el más ingenuo tenga que reconocerlo.

Cada vez que la izquierda censure, hay que señalarlo. Y no con timidez, no con medias tintas, sino con toda la contundencia posible. Si cierran una cuenta en redes porque no sigue el dogma, hay que gritarlo. Si cancelan una conferencia porque no soportan escuchar otra opinión, hay que exponerlo. Si un artista pierde contratos porque no repite la consigna obligatoria, hay que mostrarlo. Porque la censura no se combate con silencio respetuoso, se combate con el altavoz de la denuncia.

Cada vez que la izquierda justifique la violencia, hay que ponerlo delante de los ojos de todos. Cuando un antifascista quema contenedores o destroza comercios, los mismos que criminalizan una protesta pacífica lo llaman «protesta legítima». Cuando un delincuente reincidente agrede a alguien en la calle, lo presentan como víctima del sistema. Cuando un político progresista insulta o amenaza, lo adornan como «exceso retórico». Ese doble rasero hay que mostrarlo una y otra vez, hasta que el ciudadano vea el patrón y deje de tragarse la farsa.

Y lo mismo con el **lenguaje manipulado**. Cada vez que reescriban las palabras, hay que reírse de ellos. Que al inmigrante ilegal lo llaman «persona en tránsito»: señalarlo. Que a un impuesto lo llaman «contribución solidaria»: señalarlo. Que a la censura la llaman «moderación de contenidos»: señalarlo. La risa y la ironía son armas poderosísimas, porque el progresismo no soporta el ridículo. Cuando el disfraz se rompe y queda a la vista la trampa, la gente empieza a despertar.

El poder de los ejemplos concretos está en que **rompen la niebla ideológica**. Mientras discutes en abstracto, ellos te marean con etiquetas: fascista, machista, negacionista. Pero cuando muestras la contradicción desnuda, sin maquillaje, no tienen respuesta. La hipocresía se explica sola.

Y aquí viene lo importante: cuando la gente ve el doble rasero con sus propios ojos, se rompe el hechizo del miedo. De repente entienden que no están locos, que no son los únicos que ven la trampa, que el sistema de manipulación es real. Y cuando entienden que les han mentido, que les han tomado por tontos, empieza la liberación. Porque no hay nada más poderoso que un ciudadano que deja de tener miedo a ver la verdad.

Por eso la quinta tarea es tan crucial: desenmascarar, señalar, exponer. Cada censura, cada mentira, cada manipulación, cada doble rasero. Sin descanso, sin pedir permiso, sin miedo a las etiquetas. Porque la verdad no necesita adornos: solo necesita ser mostrada. Y cuando se muestra, se convierte en dinamita contra el sistema.

La sexta estrategia es **construir comunidad**. El progresismo autoritario aísla, convierte a cada disidente en un paria solitario. La respuesta debe ser la unión. Asociaciones, colectivos, grupos culturales, espacios de encuentro. Lugares donde la gente pueda expresarse sin miedo, donde se reconozca mutuamente, donde se apoyen unos a otros frente a la persecución. El poder de la izquierda está en el aislamiento; el nuestro debe estar en la comunidad.

Si algo sabe hacer el progresismo autoritario es **aislar**. Su método no es convencer, es señalar. Toman a un disidente, lo etiquetan, lo rodean de insultos y lo convierten en un enemigo público. El objetivo no es tanto destruir a esa persona en concreto como **dar un escarmiento público**: «mira lo que pasa si te sales del guion». La técnica es vieja como el mundo: el castigo ejemplarizante. Hoy se llama cancelación, pero en esencia es lo mismo que en la Edad Media cuando llevaban a alguien a la plaza para lapidarlo.

La diferencia es que ahora no usan piedras, usan etiquetas, tertulias y titulares. Y el resultado es igual: te dejan solo. Quieren que tengas miedo de abrir la boca porque piensas que, si lo haces, serás el siguiente. Esa soledad es el arma más poderosa del progresismo. Porque el individuo aislado se autocensura, se encoge, se resigna.

Ahí es donde entra nuestra estrategia: construir comunidad. Porque un individuo aislado es débil, pero una comunidad organizada es indestructible. Cuando sabes que no estás solo, el miedo desaparece. Cuando tienes un lugar donde puedes hablar sin que te llamen fascista por respirar, recuperas la confianza. Cuando te rodeas de otros que piensan como tú, te das cuenta de que no eres una minoría extraña, sino parte de una mayoría silenciada.

La comunidad es el antídoto contra el aislamiento. Y no hablo solo de grandes partidos o movimientos políticos. Hablo de asociaciones locales, de colectivos culturales, de grupos de lectura, de espacios digitales donde la gente pueda encontrarse y hablar libremente. Hablo de cafés, librerías, clubes deportivos, foros *online*, *podcasts* compartidos, encuentros vecinales. Cada espacio de encuentro libre es un muro contra la estrategia del miedo. Porque el progresismo no teme tanto a una gran manifestación como a miles de pequeños grupos conectados entre sí, creando cultura y tejido social al margen del Estado y de los medios. Eso es lo que realmente les aterra: perder el monopolio de la socialización. Por eso intentan infiltrar hasta el último rincón de la vida cultural. Porque saben que donde hay comunidad hay resistencia.

Construir comunidad también significa **apoyo mutuo**. Si cancelan a uno, la comunidad responde. Si despiden a alguien por opinar, la comunidad lo respalda. Si un creador digital es censurado, la comunidad comparte su trabajo en otras plataformas. Si un político local es demonizado, la comunidad organiza su defensa. La fuerza está en saber que, cuando atacan a uno, responden cien. Eso destruye el efecto del aislamiento.

El poder de la izquierda está en el aislamiento; el nuestro debe estar en la unión. Y aquí hay que ser claros: **la comunidad no se improvisa, se construye**. Requiere constancia, requiere crear espacios, requiere superar los egos y las divisiones absurdas que tantas veces debilitan a la derecha y a los disidentes. El progresismo avanza porque, aunque sean un caos ideológico, cierran filas cuando se trata de aplastar al enemigo común. Si queremos plantar cara, debemos aprender esa lección: dejar de lado pequeñas diferencias y construir comunidad sobre valores compartidos.

Una comunidad fuerte no solo resiste: **crea cultura**. Organiza conciertos, produce libros, monta festivales alternativos, lanza revistas digitales, abre canales de comunicación. No espera a que el sistema le dé permiso, lo hace. Porque cada evento, cada canción, cada publicación, cada charla es un recordatorio de que existe otra forma de pensar y vivir fuera del dogma oficial.

Al final, todo se resume en esto: la izquierda quiere que estés solo frente a la pantalla, tragando propaganda, temiendo hablar.

Nosotros debemos construir lugares donde la gente se mire a los ojos, se reconozca, se ría junta, se apoye. Porque cuando se rompe la soledad, se rompe también el miedo.

La sexta tarea es clara: **comunidad frente a aislamiento.** Y cuando logremos eso, el progresismo perderá su arma más poderosa.

La séptima tarea es **educar en pensamiento crítico.** Porque el progresismo se sostiene en la ignorancia y en la pereza intelectual. Si las nuevas generaciones aprenden a cuestionar, a analizar, a desconfiar de los dogmas, el castillo de naipes se derrumba. No basta con indignarse: hay que enseñar. Enseñar historia real, no la caricatura ideológica que ofrecen los manuales oficiales.

Enseñar lógica, argumentación, análisis. Una ciudadanía crítica es el peor enemigo de un régimen autoritario.

El progresismo se sostiene en dos pilares: ignorancia y pereza intelectual. No necesitan convencerte con grandes ideas, les basta con que no pienses demasiado. Que aceptes el titular sin leer la noticia. Que compartas el eslogan sin cuestionar lo que significa. Que repitas la consigna porque la repiten todos, no porque la entiendas.

Por eso la séptima tarea es educar en pensamiento crítico. Porque el día en que las nuevas generaciones aprendan a cuestionar, a analizar, a desconfiar de los dogmas, todo el castillo de naipes se viene abajo. Un régimen autoritario puede soportar la protesta, incluso la rebelión. Lo que no soporta es a un ciudadano que piensa por sí mismo.

Y ojo: no basta con indignarse. La indignación sin conocimiento es ruido, y el ruido se disipa. Lo que necesitamos es **formación.** Enseñar historia real, no la caricatura ideológica que ofrecen los manuales oficiales. Enseñar que el fascismo fue un régimen concreto y que no tiene nada que ver con llamar fascista a tu vecino por votar diferente. Enseñar que el comunismo no fue una utopía, sino la mayor máquina de matar del siglo xx. Enseñar que la libertad nunca ha sido un regalo del poder, siempre ha sido fruto de la resistencia ciudadana.

Pero también hay que enseñar lógica, argumentación, análisis. Porque el progresismo prospera en la falacia, en la emoción mal dirigida, en el chantaje moral. Si aprendes a detectar una contradicción, si sabes desmontar un argumento falaz, si eres capaz de separar hechos de opiniones, ya eres inmune a gran parte de su propaganda. El pensamiento crítico es como un escudo: una vez lo tienes, los ataques de manipulación rebotan.

El problema es que el sistema educativo actual está diseñado justo para lo contrario: **para fabricar obedientes, no pensadores**. A los niños se les enseña a repetir, no a cuestionar. A memorizar consignas, no a discutirlas. A tener la respuesta correcta en el examen, no a hacerse preguntas incómodas. Por eso nuestras universidades producen activistas de pancarta, pero no mentes libres.

Educar en pensamiento crítico no significa solo abrir libros, significa abrir ojos. Significa enseñar a mirar un titular y preguntarse: «¿Qué me están ocultando?». Significa escuchar un discurso político y detectar el truco emocional. Significa ver un telediario y entender qué palabras están cargadas de intencionalidad. Significa ser capaz de mirar la realidad sin filtros ideológicos.

Una ciudadanía crítica es el peor enemigo de un régimen autoritario. Porque un pueblo que piensa no se deja manipular, no se traga las mentiras, no se deja chantajear con etiquetas. Un pueblo que piensa exige explicaciones, compara versiones, expone contradicciones. Y ahí es donde el progresismo se derrumba, porque su fuerza está en la repetición mecánica, no en la verdad.

Por eso esta séptima tarea es vital: **enseñar a pensar**. Crear escuelas alternativas, difundir libros prohibidos, grabar *podcasts* que enseñen lógica básica, hacer virales vídeos que desmonten falacias. No se trata de fabricar robots ideológicos al otro lado, sino de cultivar mentes libres que puedan discutir con cualquiera sin miedo.

El progresismo necesita masas dóciles; nosotros necesitamos ciudadanos críticos. Esa es la diferencia entre un régimen que oprime y una sociedad que respira. Y hasta que no eduquemos en pensamiento crítico, seguiremos atrapados en un juego amañado donde ellos dictan las consignas y la gente las repite como loros. La séptima tarea es clara: apagar la megafonía de la propaganda y encender las luces del pensamiento. Porque cuando la gente empieza a pensar, deja de obedecer.

La octava estrategia es **perder el miedo a la etiqueta**. Nos llaman fascistas para que callemos, para que huyamos, para que pidamos perdón por existir. La clave está en no entrar en ese juego. Que te llamen fascista debe dejar de ser una condena y convertirse en prueba de que has tocado un nervio del poder. No hay que pedir disculpas, no hay que justificarse, no hay que retroceder. Cada vez que alguien se defiende diciendo «yo no soy fascista, pero...», ya está jugando en el marco del enemigo. La respuesta debe ser otra: «Me da igual tu etiqueta, yo sigo pensando lo mismo».

Si hay un arma que el progresismo ha perfeccionado hasta la náusea es la **etiqueta**. No discuten ideas, ponen sellos. «Fascista», «machista», «homófobo», «negacionista». Con esas palabras buscan dos cosas: que calles y que pidas perdón. Que te sientas un delincuente moral solo por pensar distinto. Que huyas antes de dar la batalla.

Nos llaman fascistas no porque lo seamos, sino porque quieren que nos comportemos como culpables. La etiqueta no es un argumento, es un muro. Sirve para acabar la discusión antes de empezarla. Sirve para que no se hable de inmigración, de impuestos, de libertad educativa, de fronteras. Porque si te llaman fascista al primer minuto, ya nadie escucha lo que dices. Y ese es su plan: silenciarte con miedo.

La clave está en no entrar en ese juego. Que te llamen fascista debe dejar de ser una condena y convertirse en una medalla: la prueba de que has tocado un nervio del poder. Porque nunca insultan al que no les molesta. Si la etiqueta llega, significa que has dicho algo que les duele, que has expuesto una verdad que no pueden rebatir.

El error está en reaccionar como ellos esperan: con justificaciones. Cada vez que alguien empieza con «yo no soy fascista, pero…», ya ha perdido. Porque en ese instante ha aceptado el marco del enemigo. Ha admitido que la palabra fascista tiene valor, que necesita defenderse de ella. Y a partir de ahí la discusión ya no es sobre ideas, sino sobre etiquetas.

La respuesta debe ser otra, mucho más simple: «Me da igual tu etiqueta, yo sigo pensando lo mismo». Sin miedo, sin disculpas, sin matices. Esa frase destruye el arma porque no le das poder. El insulto solo funciona si te importa. Si te resbala, queda vacío.

Es como cuando un niño intenta insultar llamándote «feo» y tú no reaccionas: al tercer intento se cansa. La izquierda es igual: si la etiqueta no te hace retroceder, pierden el interés. Su fuerza está en tu miedo, no en su palabra.

Por eso hay que entenderlo: las etiquetas no son descripciones, son armas. Y como todas las armas, pierden utilidad cuando aprendes a esquivarlas. Si cada ciudadano que piensa distinto decide dejar de justificarse, el juego se acaba. El día que millones respondan «me da igual tu etiqueta», el progresismo pierde su mordaza más eficaz.

No hay que huir de las etiquetas, no hay que justificarse, no hay que pedir perdón. Resistir de pie, con una sonrisa, y repetir lo que piensas. Porque la verdad no necesita disculpas.

La novena tarea es **recuperar la política real.** No basta con la batalla cultural, hay que traducirla en acción política. Partidos, programas, propuestas. Opciones que desafíen el monopolio progresista en las urnas y que defiendan sin complejos la libertad, la pluralidad y la democracia. La izquierda ha logrado normalizar su autoritarismo porque durante años la derecha ha jugado a ser aceptada, a parecer moderada, a no molestar. Eso tiene que terminar. La moderación cobarde solo alimenta al monstruo.

Durante años, la derecha ha jugado al juego más estúpido de todos: el de la aceptación. Querían que la izquierda les diese el certificado de «moderados», que los aplaudiesen en las tertulias, que les dejasen pasar por correctos en los cócteles de Bruselas. Y a cambio de esa validación, renunciaron a defender lo que decían representar. Se convirtieron en gestores del consenso progresista, no en alternativa.

Esa moderación cobarde es la que ha alimentado al monstruo. Porque mientras la izquierda avanzaba paso a paso en su agenda, la derecha se dedicaba a pedir disculpas por existir. Cada vez que la izquierda gritaba «fascista», la derecha respondía bajando la cabeza: «No, no, tranquilos, yo no soy eso, yo también creo en vuestra agenda, solo que la aplico más despacito». Esa dinámica convirtió a la derecha en la muleta del progresismo, no en su rival.

Recuperar la política real significa romper con esa lógica suicida. Significa presentar partidos, programas y propuestas que desafíen abiertamente el monopolio progresista en las urnas. Significa dejar de pedir permiso para hablar de inmigración, de impuestos, de familia, de seguridad, de soberanía. Significa decir las cosas como son: que el Estado no es un dios, que la pluralidad no se negocia, que la democracia no puede ser un decorado donde solo gana quien le gusta a la élite.

La izquierda logró normalizar su autoritarismo porque nadie les plantó cara en serio. Cada recorte de libertades, cada subida de impuestos, cada intromisión en la vida privada pasó sin resistencia porque la derecha estaba demasiado ocupada en parecer «centrada». Recuperar la política real es dejar claro que el centro no es un lugar de tibieza, sino el agujero negro donde mueren los principios.

Esto no significa caer en el extremismo vacío, sino en la claridad valiente. Una política que defienda sin complejos la libertad, la pluralidad y la democracia de verdad. No la democracia de pega que solo vale si gana la izquierda, sino la democracia real donde las urnas mandan aunque el resultado no guste a los burócratas de Bruselas ni a los editorialistas de turno.

La novena estrategia exige líderes y partidos con coraje. Gente que no tiemble cuando les pongan la etiqueta de «ultra». Gente que entienda que, si te llaman fascista, es porque estás haciendo bien tu trabajo. Gente que prefiera perder un escaño antes que perder la dignidad. Porque la política no se recupera con sonrisas en las fotos oficiales, se recupera con propuestas claras, con reformas reales y con voluntad de plantar cara a la maquinaria progresista en su propio terreno.

En resumen: la batalla cultural abre los ojos, pero la política cambia las leyes. Y hasta que no llevemos esa batalla al Parlamento, seguiremos en manos de los mismos que han convertido la moderación en sumisión. La novena tarea es, por tanto, un grito contra la cobardía: no más derecha acomplejada, no más moderados de pega, no más gestores del desastre. Si queremos frenar al monstruo, hay que enfrentarlo en serio.

Y, finalmente, la décima tarea: **recordar siempre que la libertad es un deber, no solo un derecho.** No se trata solo de exigir que otros nos la garanticen, sino de estar dispuestos a defenderla activamente. Eso implica sacrificio, implica riesgo, implica valentía. Pero es el precio de vivir en una sociedad libre. La comodidad es la trampa en la que se apoya el progresismo autoritario: ofrece seguridad a cambio de obediencia. La libertad exige lo contrario: responsabilidad a cambio de dignidad.

La palabra libertad está tan manoseada que muchos creen que es un regalo que alguien más tiene que traerles envuelto en un lazo. Como si fuera una prestación del Estado, como si dependiera de un gobernante benévolo, como si bastara con votar cada cuatro años para que todo estuviera resuelto. Esa es la gran trampa. La libertad no es un regalo, es una carga. Y no hablo de carga en el sentido negativo, sino en el sentido de responsabilidad personal.

La libertad es un deber, no solo un derecho. Tener libertad implica estar dispuesto a defenderla activamente, a sostenerla aunque cueste caro. Y aquí no hay atajos: implica sacrificio, implica riesgo, implica valentía. La comodidad es la droga que ha permitido al progresismo autoritario avanzar. Ofrecen seguridad a cambio de obediencia, protección a cambio de sumisión, tranquilidad a cambio de silencio. Y mucha gente, cansada o ingenua, acepta el trato. Pero ese pacto no es protección, es una cadena.

La libertad exige justo lo contrario: responsabilidad a cambio de dignidad. Significa que nadie te va a salvar de tus errores, pero tampoco nadie te va a quitar tu vida. Significa que tendrás que pensar por ti mismo, que tendrás que arriesgarte a equivocarte, que no tendrás un Estado-padre que decida por ti. Y ese precio asusta, porque la responsabilidad pesa. Pero es el único camino para vivir como seres humanos y no como ganado domesticado. Se puede romper el cerco del miedo, se puede desafiar al pensamiento único, se puede reconstruir una sociedad plural y libre. Pero no lo hará nadie por nosotros. No vendrá un salvador, no vendrá una fuerza externa. Depende de cada ciudadano que decida no ser cómplice, que decida hablar, que decida actuar.

El progresismo autoritario parece imbatible porque ha conquistado el lenguaje y la narrativa. Pero su debilidad está en lo que no puede controlar: la verdad. Y la verdad, tarde o temprano, siempre encuentra la forma de salir a la luz. Lo único que hace falta es que haya quienes estén dispuestos a sostenerla, aunque cueste caro. Esa es la verdadera resistencia. Y esa es, en última instancia, la única garantía de que la libertad no será definitivamente enterrada bajo la excusa del antifascismo.

Y no os propongo todo esto por vosotros, lo hago pensando en vuestros hijos. Porque, seamos sinceros, a muchos de nosotros ya nos han robado demasiadas cosas: años de prosperidad, oportunidades que nunca llegaron, libertades que tuvimos que ver marchitarse poco a poco. Quizá nosotros ya hemos aprendido a vivir en medio de esta decadencia, con resignación, con rabia contenida, con la sensación amarga de que el mundo se nos ha ido de las manos.

Pero ellos, vuestros hijos, todavía tienen todo por delante. Y la pregunta es simple, brutal, imposible de esquivar: ¿queréis que crezcan en un mundo como el que nos quieren imponer? ¿Queréis que vivan en una sociedad donde la censura se llama democracia, donde la sumisión se vende como solidaridad, donde el pensamiento único se disfraza de pluralidad?

Imaginad tener que mirarles a los ojos dentro de unos años y admitir: «Lo vi venir, pero no hice nada». Imaginad ese silencio incómodo cuando os pregunten qué hicisteis para evitar que el mundo se convirtiera en una cárcel con paredes de propaganda. Porque ese día llegará. Y cuando llegue, las excusas no valdrán. No servirá decir que estabais cansados, que teníais miedo, que pensasteis que alguien más lucharía por vosotros. Vuestros hijos no necesitan excusas, necesitan un ejemplo.

La historia se repite: siempre hay generaciones que pagan la cobardía de sus padres. Cada época de opresión empezó con adultos que prefirieron callar y mirar hacia otro lado. Y siempre fueron los jóvenes los que no habían decidido nada, los que tuvieron que crecer entre ruinas. La pregunta es si esta vez vamos a romper el ciclo o si, una vez más, dejaremos que sean ellos quienes carguen con nuestro silencio.

Porque al final no se trata de política ni de partidos ni de ideologías. Se trata de mirar a los ojos a un niño y poder decirle: «Luché por ti, aunque fuera incómodo, aunque me costara caro, aunque tuviera miedo». Se trata de que sepan que no cedisteis, que no vendisteis vuestra libertad por un poco de comodidad, que no aceptasteis el chantaje del progresismo autoritario. Se trata de que sepan que su padre, su madre, su abuelo, su abuela no se rindieron.

Vuestros hijos no necesitan que seáis perfectos. Necesitan que seáis valientes. Necesitan que entendáis que la comodidad de hoy puede ser la esclavitud de mañana. Necesitan que, cuando llegue el momento, elijáis la dignidad antes que el silencio. Porque un mundo sin libertad no es un mundo donde vivir: es una jaula, aunque las paredes estén pintadas de colores progresistas y adornadas con discursos inclusivos.

Y creedme: no hay nada más devastador que tener que confesarle a un hijo que no hiciste nada. Que viste cómo se apagaba la luz de la libertad y no moviste un dedo. Ese es el peso más insoportable que un ser humano puede cargar. Y esa carga no quiero que la llevéis vosotros ni quiero que la lleven vuestros hijos.

Por eso os digo: esta lucha no es por nosotros. Es por ellos. Por los que vienen detrás. Por los que aún tienen todo por delante y merecen un mundo donde puedan respirar sin pedir permiso, hablar sin miedo y vivir sin cadenas. Si no lo hacemos por nosotros, hagámoslo por ellos.

Cuando tomé la cruzada del sistema de pensiones lo hice también pensando en ellos. No tenemos que ser como las generaciones anteriores que decidieron echar el balón hacia delante. Nadie quiere hablar de ello en serio porque saben que es un suicidio electoral. Nadie quiere decir lo evidente porque implica enfrentarse a millones de votantes que llevan años creyendo que tienen un derecho garantizado. Pero la realidad es brutal: el sistema de pensiones de reparto es la mayor estafa intergeneracional de la historia contemporánea.

No es un sistema de solidaridad, como nos lo venden, es un esquema piramidal de manual. Lo que hoy cobran los jubilados no viene de un fondo mágico, ni de sus ahorros acumulados, ni de una caja fuerte protegida por ángeles del bienestar. Viene directamente de los trabajadores actuales, que sostienen a una pirámide cada vez más pesada con cada vez menos manos debajo. Y todos sabemos cómo acaban las pirámides: en el momento en que no entran suficientes nuevos participantes, se derrumban.

Eso es exactamente lo que está pasando. La natalidad está por los suelos, la esperanza de vida sube y la deuda pública se dispara. Y mientras tanto, los políticos siguen prometiendo pensiones como si fueran caramelos. Pan para hoy, hambre para mañana. Una estafa disfrazada de derecho.

Lo más perverso es que todos lo saben. Bruselas lo sabe, los ministerios lo saben, los sindicatos lo saben. Pero nadie lo dice. ¿Por qué? Porque sería reconocer que a nosotros, la generación que trabaja hoy, ya nos han robado. Reconocer que esas promesas que nos venden son humo. Y porque enfrentarse a esa verdad significaría asumir que lo único responsable sería cambiar de raíz el sistema, aunque eso implique sacrificio.

La pregunta es la siguiente: ¿tenemos el valor de afrontarlo? ¿O vamos a seguir mirando hacia otro lado, dejando que nuestros hijos sean los que paguen la factura de nuestra cobardía?

Porque de eso se trata: puede que nuestro futuro ya esté hipotecado, pero el de nuestros hijos aún se puede salvar. Y salvarlo significa tener la valentía de acabar con esta estafa. De reconocer que la única salida digna pasa por sistemas de capitalización, por incentivar el ahorro real, por romper con el chantaje de que solo el Estado puede garantizar la vejez. Significa dejar de engañar a la gente con discursos dulces y decir la verdad incómoda: no habrá pensiones si seguimos como hasta ahora.

El progresismo juega precisamente con esto: con la comodidad. Prometen que todo seguirá igual, que la máquina del Estado lo arreglará, que nunca faltará dinero. Y mientras tanto, cargan de impuestos a los jóvenes, estrangulan la productividad, destruyen el futuro de quienes ya saben que jamás verán una pensión justa. ¿El resultado? Una generación resignada que trabaja para sostener un sistema que nunca les sostendrá a ellos.

La valentía está en romper el tabú. En decirlo aunque tiemblen las urnas. En explicar que, si seguimos callados, nuestros hijos serán esclavos fiscales: trabajando cuarenta años no para vivir mejor, sino para mantener un sistema podrido que jamás les dará lo que les prometieron. Esa es la peor traición posible: hipotecar el mañana de nuestros hijos para salvar el voto de hoy.

La comodidad nos ha hecho cómplices. «No toques las pensiones, es muy sensible». Pues bien, lo sensible no es la reforma, lo sensible es la mentira. Lo inmoral no es decir la verdad, lo inmoral es callarla. Y si tenemos el valor de decirla, de una vez por todas, estaremos dando el paso más importante para salvar el futuro de nuestros hijos.

Puede que a nosotros nos hayan robado el futuro. Pero aún podemos salvar el suyo. Y la primera trinchera está en desmontar esta estafa del sistema de reparto, aunque duela, aunque incomode, aunque cueste caro. Porque no hay mayor acto de amor hacia los hijos que decirles la verdad y darles la oportunidad de construir sobre terreno firme, no sobre un castillo de arena.

No hay mayor acto de traición que heredar la mentira. Y no hay mayor acto de amor que heredar la verdad, aunque duela.

El sistema de pensiones no es solo una estafa económica, es la metáfora perfecta del progresismo: hipotecar el mañana para sostener un presente ficticio. Es la prueba de fuego que nos obliga a elegir entre la comodidad de hoy y la dignidad del futuro.

Por eso este libro no termina con una queja, sino con una elección. O seguimos callando, entregando a nuestros hijos un mundo más pobre, más controlado y más dependiente, o asumimos la incomodidad de decir lo que nadie quiere escuchar y empezamos a construir un futuro para ellos mejor.

La mentira puede prometer seguridad, pero siempre acaba en ruinas. La verdad incomoda, exige sacrificio, pero abre caminos. Esa es la disyuntiva con la que vivimos, y esa es la que nuestros hijos nos pedirán cuentas mañana.

Que no nos pase como a tantas generaciones que miraron hacia otro lado. Que no se diga de nosotros preferimos vivir tranquilos mientras vendíamos a los que venían detrás. Que, al menos, quede claro que cuando llegó la hora, tuvimos el coraje de romper la cadena.

No lo hacemos por gloria ni por reconocimiento. Lo hacemos porque la libertad no es un regalo, es una herencia que se construye con sangre fría y verdad. Y si nosotros ya no tenemos futuro, que se sepa que lo entregamos todo para que ellos sí lo tengan.

Que se diga de nosotros: lo perdieron todo, menos la dignidad. Porque si no defendemos la libertad, seremos recordados como la generación que la enterró y no hizo nada para evitarlo. No hay excusa que pueda limpiar la vergüenza de haber traicionado a los que venían detrás.

La historia no perdona a los cobardes. La historia siempre honra a quienes, incluso sabiendo que no verían la victoria, pelearon para que otros la disfrutaran. Y que quede grabado en piedra: si nosotros ya no teníamos futuro, al menos entregamos todo para que ellos sí lo tuvieran.

Este libro, por encomienda de la editorial Almuzara, se terminó de imprimir el 24 de octubre de 2025. Tal día, de 2005, en Estados Unidos se lanza de forma oficial el Club Penguin.